BEHERRSCHUNG DER IPHONE 11 PRO UND PRO MAX KAMERA

SMARTPHONE-FOTOGRAFIE AUFNEHMEN WIE EIN PROFI SELBST ALS ANFÄNGER

JAMES NINO

Sie sind herzlich eingeladen, der Fan-Ecke beizutreten, hier klicken.

Beherrschung der Iphone 11 Pro und Pro Max Kamera

Smartphone-Fotografie Aufnahmen wie ein Profi selbst als Anfänger

James Nino

Haftungsausschluss

Die darin enthaltenen Ratschläge und Strategien sind möglicherweise nicht für jede Situation geeignet. Dieses Werk wird mit der Maßgabe verkauft, dass weder der Autor noch der Herausgeber für die Ergebnisse der Beratung in diesem Buch verantwortlich gemacht werden.

i

Einleitung

Hey, herzlichen Glückwunsch zum Kauf des Buches Beherrschung der Iphone 11 Pro und Pro Max Kamera. Dieses Buch ist ein Muss für jeden, der mit seinem iPhone 11 Pro atemberaubende Fotos machen möchte.

Dieses Buch wird Ihnen die Augen für viele der Grundfunktionen öffnen, für die die iPhone 11 Pro und Pro Max Kamera verwendet werden kann, sowie für einige erweiterte Funktionen, die für Benutzer des iPhone 11 Pro vielleicht nicht allzu auffällig sind. Für diejenigen, die bereits ältere Versionen des iPhone haben und Schwierigkeiten haben, einige ihrer Lieblingssymbole zu finden, zeigt Ihnen dieses Buch, wohin sie verschoben wurden und die effektivsten Möglichkeiten, sie für erstaunliche Fotos zu verwenden.

Oftmals neigen die mit unseren Geräten gelieferten Handbücher dazu, dem Thema des Gerätes nicht ausreichend gerecht zu werden oder sie können manchmal überwältigend sein. Viele andere " Erste Schritte-Anleitungen " sind manchmal zu dünn und lösen kein Problem, weshalb dieses Buch ein echtes Schmuckstück ist.

Dieses Buch macht Sie mit dem Handy vertraut, das Sie um sich herum tragen und das Sie auch für Ihr Fotogerät verwenden können, wenn Sie auf eine Reise gehen, an einer Veranstaltung teilnehmen, eine Sehenswürdigkeit besuchen oder eine Szene abspielen. Um zu wissen, wie man mehr aus der Digitalkamera in der Tasche herausholen kann, geht es in diesem Buch schließlich darum, dass man nach so vielen Ausgaben für sein iPhone 11 Pro natürlich mehr daraus machen möchte.

Dieses Buch wird Ihnen helfen, die Kamera auf Ihrem iPhone 11 Pro besser zu bedienen und die Kamerafunktionen auf viel mehr Arten zu optimieren, als Sie es sich je vorgestellt haben.

Wenn Sie die Seiten dieses Buches öffnen, werden Sie einer großen Auswahl an Fotos, Videos und Werkzeugen ausgesetzt sein, die Sie wahrscheinlich als gewöhnliche Symbole übersehen haben, an einer Stelle, an der Sie jetzt wissen, wie man sie benutzt.

Für diejenigen, die dieses Buch im Urlaub kaufen, kann dieses Buch Ihnen helfen, die Nutzung Ihrer iPhone-Kamera zu verbessern, insbesondere für die Dinge, von denen Sie nicht wussten, dass sie es tun können. Sie werden feststellen, dass dieses Buch die Zeit und das Geld, das dafür ausgegeben wird, durchaus wert ist und sehr empfehlenswert für jeden, der sein iPhone 11 Pro und Pro Max zum Fotografieren benutzt. Sie können mit der Verwendung Ihrer iPhone 11 Pro Kamera beginnen und mit der Aufnahme von Fotos beginnen, von denen niemand glauben wird, dass sie von Ihnen mit einem iPhone aufgenommen wurden.

Zu erwartende Inhalte

Kapitel 1

Vorstellung des iPhone 11 Pro

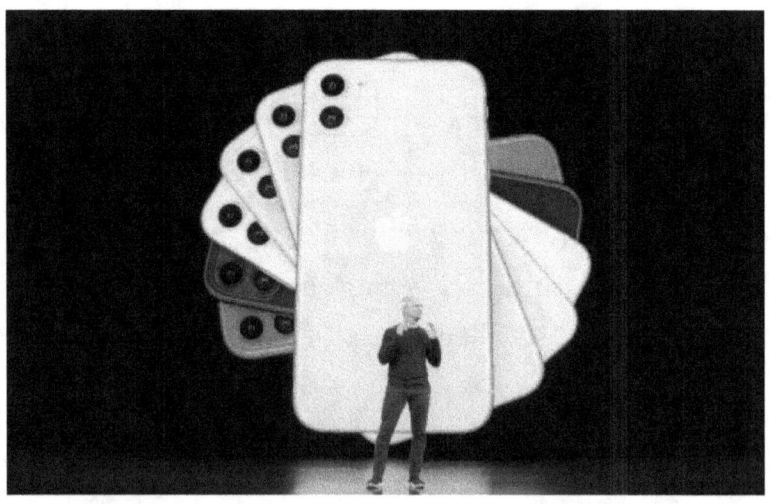

Mit der Ankündigung der Freigabe von iPhone 11, iPhone 11 Pro und iPhone 11 Pro Max durch Apple im September 2019 wurde ein neuer Satz von Geräten für ihre begeisterten Kunden eingeführt. Apple behauptet bei ihrer Freigabe, dass das iPhone 11 Pro das enthält, was es besagt, es ist die größte Kameraaktualisierung, die jemals auf einem iPhone durchgeführt wurde, und es ist nicht schwer zu verstehen, warum, wenn man einmal mit dem iPhone Pro gearbeitet hat. Einfach ausgedrückt, wurde die außergewöhnliche Kamera grundlegend überarbeitet und ist die größte Aktualisierung des iPhone 11 Pro im Vergleich zu den Vorgängerversionen der iPhone-Familie.

Die Verwendung des iPhone 11 Pro zum Fotografieren ist so einfach wie in früheren Versionen der iPhones, nur dass Sie es jetzt mehr als diese Versionen nutzen können, nur wenn Sie wissen, wie Sie sich auf der Oberfläche zurechtfinden. Im Vergleich zu dem, was Sie in früheren Versionen des iPhone gewohnt sind, gibt es einige Bedienelemente und Einstellungen im iPhone 11 Pro nicht mehr, während viele andere an neue Orte verschoben wurden, einschließlich einiger Änderungen im Design der Kamera-App des Handys. Die Kamera-App auf dem iPhone 11 Pro ähnelt auf den ersten Blick der alten iPhone Kamera-App, nur dass die neue App eine große Tiefe hat, die es ihr ermöglicht, mit minimalem Aufwand klare Fotos aufzunehmen, auch wenn die Beleuchtung begrenzt ist.

Eine der ersten visuellen Eindrücke, die Sie in der App bemerken werden, sind die neuen Bedienelemente am oberen Bildschirmrand, die Bilddaten der ultrabreiten Kamera, die sich mit dem transparenten Symbolleistenbereich um den Hauptsucher vermischen, das Flip-Kamerasymbol, das nun ein neues Design aufweist, eine zusätzliche Zoomsteuerung und eine

Dreieck-Offenlegungsanzeige. Die Umschalteinstellungen für Funktionen wie Zeitschaltuhr und Filter wurden von Apple verschoben, weil sie der Meinung waren, dass diese Funktionen nicht zu den am häufigsten verwendeten Funktionen auf ihren iPhone-Modellen gehören.

Software- und Oberflächenänderungen sind nicht die einzigen Dinge, die das iPhone 11 Pro von anderen iPhone Versionen unterscheiden. Die Kameras auf dem iPhone waren schon sehr gut darin, großartige Tagesaufnahmen zu machen, aber das neue iPhone 11 Pro bringt ihre Aufnahmen auf ein ganz neues Niveau. Dies liegt vor allem daran, dass das iPhone 11 Pro auf der Rückseite mit einer Dreifachlinse ausgestattet ist, die es dem Handy ermöglicht, seine Fähigkeiten zu erweitern.

Die Nutzung dieser Hardware-Funktionen ist eine erweiterte Software-Funktion, die es ermöglicht, neben anderen neuen Funktionen wie dem Nachtmodus und dem Schnellaufnahme-Video auch kristallklares Bild zu erzeugen. Es gibt auch eine einzigartige Funktion, mit der Benutzer ein Bild vergrößern können, obwohl Sie es zuvor mit einigen Teilen aufgenommen haben, die zu fehlen scheinen.

Diese Hardware und Software machen das iPhone 11 Pro zu einem der besten iPhones, die Apple je produziert hat, wenn Sie den Ideenreichtum bei der Kombination von

Technologie mit der hochwertigen Fotografie des Handys berücksichtigen. Die Mehrheit der 11 Pro-Funktionen des iPhones beinhaltet das Wissen, was und wie man auf was tippen muss, was dazu beiträgt, dass die mit dem iPhone 11 Pro aufgenommenen Fotos, auch wenn sie von einem Anfänger aufgenommen wurden, klar, erstaunlich und scharf herauskommen. Dieses Telefon läuft unter iOS 13 mit einem hochwertigen Doppelsensor für die Rückfahrkameras und wird ebenfalls mit dem neuen Apple A13 Bionic Chip betrieben.

Die vier verfügbaren Farben für das iPhone 11 Pro stehen Käufern zur Auswahl, darunter Gold, Nachtgrün, Silber und Grau.

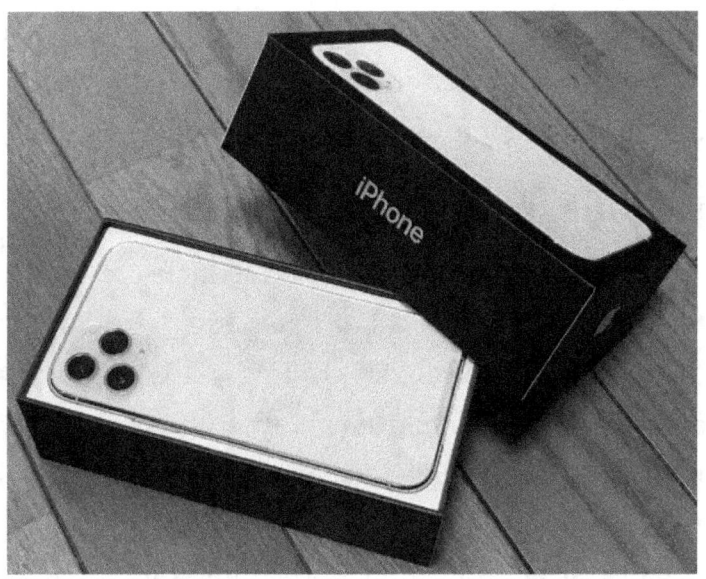

Bild 1: Enthüllung des iPhone 11 Pro

Laut Apple besteht das iPhone 11 Pro aus dem robustesten Glas, das je den Glaskörper eines Smartphones verziert hat, und bietet mit seiner IP-Schutzart von IP68 eine erstaunliche Staub- und Wasserdichtigkeit, die dazu beiträgt, seine Zuverlässigkeit und Haltbarkeit zu verbessern.

Es ist so konzipiert, dass es in der Lage ist, bis zu einer Wassertiefe von bis zu 2M oder 6,5 Fuß für einen Zeitraum von bis zu 30 Minuten zu bleiben. Obwohl die Schutzart IP68 dem Eintauchen in Wasser standhalten kann, ist es ratsam, die Wasserbelastung des Telefons durch Spritzer, versehentliche Flüssigkeitseinwirkung und eventuell Regen zu begrenzen.

Für Sounds unterstützt es Dolby Atmos und Spatial Audio, was es ermöglicht, ein wirklich beeindruckendes Klangerlebnis zu bieten.

Die technischen Daten des iPhone 11 Pro

Das iPhone 11 Pro ist ein 5,80-Zoll-Touchscreen-Handy von Apple, das mit iOS 13 ausgeliefert wird und von einer Hexa-core Apple A13 Bionic CPU angetrieben wird, die die 7nm-Architektur wie in früheren Versionen beibehält. Zum Zeitpunkt der Herausgabe dieses Buches gilt dieser Prozessor als der schnellste von Apple auf dem Markt in Bezug auf Leistung und Unterstützung für die grafischen Anforderungen des iPhone 11 Pro.

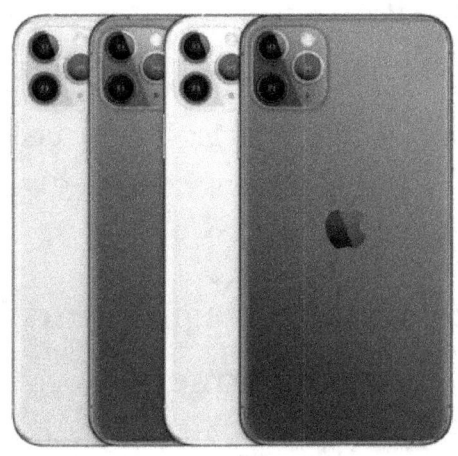

Bild 2: Verschiedene Farben für den Versand des iPhone 11

Das iPhone 11 Pro verfügt über zwei GSM-SIMs für Nano-SIM- und eSIM-Karten.

Der Intel-Modem-Chip, der mit dem iPhone 11 Pro geliefert wird, unterstützt LTE der Gigabit-Klasse, 802.11 a/b/g/n/ac Wi-Fi 6-Unterstützung, 3G-, 4G- und Band 40-Unterstützung, Bluetooth 5.0, UI-Ultrabreitband-Chip für bessere räumliche Wahrnehmung mit besseren Indoor-Tracking-Funktionen. Es hat auch Sensoren, die es für sein Gyroskop, Umgebungslichtsensor, Beschleunigungssensor, Kompass/Magnetometer, Barometer und Näherungssensor verwendet. Nicht zu vergessen ist die Unterstützung für Gesichtsfreigaben mit 3D-Gesichtserkennung.

Das iPhone 11 Pro unterstützt das drahtlose Laden einschließlich des proprietären Schnelllladens.

Die Akkulaufzeit des iPhone 11 Pro ist erstaunlich und wird von einem nicht austauschbaren 3046mAh Akku angetrieben.

Das professionelle Design und Display des iPhone 11

Das iPhone 11 Pro hat ähnliche physikalische Eigenschaften wie sein Vorgänger iPhone XR, hat aber einen offensichtlichen Kamerastoss auf der Rückseite, der das neue Dreifach-Kamera-Array enthält, das die XR nicht hat. Solche Kamera-Höcker sind nicht ganz neu in der Handy-Industrie, in der Tat, viele iPhone Enthusiasten haben gefordert, dass das iPhone die Qualität seiner Kamera verbessert, vor allem im Vergleich zu anderen Android-Handys. Im Gegensatz zum Kamerastoss von Samsung Galaxy S10, Huawei P30 Pro und anderen chinesischen Herstellern ist der des iPhone 11 Pro jedoch deutlich robuster.

Apple entschied sich auch dafür, die teilende Bildschirmaussparung aus den Tagen des iPhone X beizubehalten, obwohl viele andere Android-Konkurrenten diese Technologie inzwischen für subtilere Lösungen wie die Teardrop-Aussparung, das Popup-

Fenster und die ausgeschnittene Kamera aufgegeben haben.

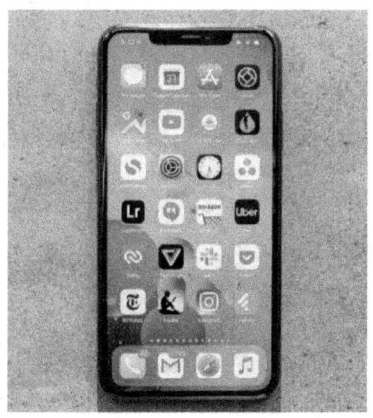

Bild 3: iPhone Bildschirmanzeige mit Auflösung

Das Telefon verfügt über eine Auflösung von 1125 x 2436 Pixel und eine Pixeldichte von 458 Pixel pro Zoll (PPI) mit einem Kontrastverhältnis von 1M:1 für den LCD-Bildschirm. Entgegen der Erwartung vieler hat sich Apple für das "Super Retina XDR" als Vollbild OLED Multi-Touch Display entschieden. Das Display unterstützt gleichermaßen Apples neuesten technologischen Fortschritt, der es ermöglicht, das Display durch Antippen aufzuwecken oder zu aktivieren, Haptic Touch, Streichen anstelle der Touch ID Home-Taste, einen großen Farbumfang, der es ermöglicht, eine realistische Farbe und einen Echtton zu liefern, nützlich bei der Anpassung des Umgebungslichts an den Weißabgleich des Displays.

iPhone 11 Pro Kamera

Wenn es eine Funktion gibt, die immer wieder als der größte Vorteil gegenüber früheren Ausgaben des iPhone hervorgehoben wurde, muss es die Kamera oder die Kameras des iPhone 11 Pro sein. Das iPhone 11 Pro wird mit drei Rückfahrkameras geliefert, zu denen die Standard-Weitwinkelkamera, eine Ultra-Weitwinkelkamera mit einem Sichtfeld von 120 Grad und ein Teleobjektiv gehören. Der Wechsel zwischen diesen Kameras ist jedoch bemerkenswert einfach und kann durch Drehen der Bildschirmtasten erfolgen.

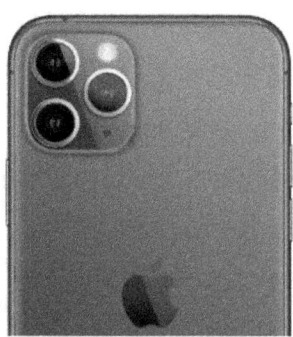

Bild 4: Dreifaches iPhone Kamera-Array

Die Ultra-Weitwinkelkamera kann bis zu viermal mehr Szenen aufnehmen als das Standard-Weitwinkelobjektiv aus der gleichen Entfernung vom Motiv aufnehmen kann, was sie zu einer guten Wahl für die Aufnahme von Architekturbildern, Landschaftsaufnahmen, engen

Aufnahmen, Gruppenbildern und vielen anderen kreativen Bildern macht.

Die Kamera-Schnittstelle des iPhone 11 Pro wurde ebenfalls geändert, so dass die Benutzer beim Versuch, Szenen außerhalb des Bildes mit der Ultra-Weitwinkelkamera aufzunehmen, eine großartige Benutzererfahrung haben. Es unterstützt auch 2x optisches Auszoomen sowie einen digitalen Zoom von bis zu 5x.

Apple hat einen neuen Nachtmodus hinzugefügt, der die hohen Verarbeitungskapazitäten des iPhones in Kombination mit dem neuen Breitkamerasensor nutzt, um scharfe, helle und klare Fotos auch unter Bedingungen mit sehr geringer Beleuchtung zu erstellen.

Das iPhone 11 Pro wird auch mit dem Smart HDR der nächsten Generation geliefert, der eine bessere Erkennung von Personen ermöglicht, indem er sie vom Rest der Aufnahme unterscheidet. Auch wenn diese Funktion die Hintergrundelemente beibehält, sorgt sie dafür, dass Gesichter ihre natürlich wirkenden Hauttöne, Lichter, Schatten und Gesten behalten. Der Smart HDR der nächsten Generation verwendet maschinelles Lernen bei der Aufnahme von natürlich aussehenden Bildern, die dazu beitragen, die Hervorhebung und die Schattendetails zu verbessern.

Kapitel 2

Über die Apple iPhone 11 Pro Kamera

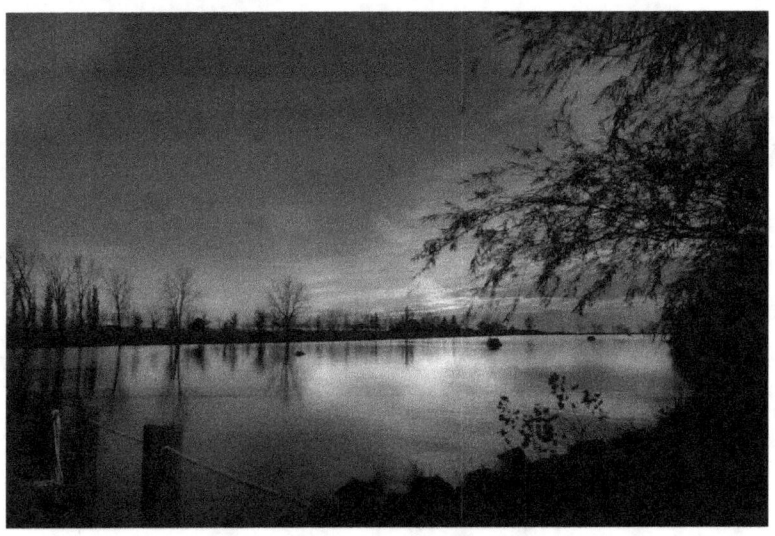

Das iPhone 11 Pro verfügt über eine Frontkamera und drei Rückfahrkameras. Die Frontkamera verwendet ein TrueDepth-Kamerasystem, das die Gesichtserkennung bei der Verbesserung der Sicherheit des Telefons unterstützt. Die Gesichtserkennung ist jetzt um bis zu 30% schneller und funktioniert aus einer viel größeren Entfernung, mit einem größeren Winkelbereich und dennoch sehr sicher. Das bedeutet, dass das Telefon Sie nun auch aus größerer Entfernung vom Handy aus erkennen kann und sich beim Gehen öffnen kann.

Die nach vorne gerichtete 12-Megapixel-Kamera des iPhone 11 Pro ist eine Aktualisierung der 7-Megapixel-Kamera, die mit dem iPhone XR geliefert wurde, wodurch sie sowohl für Selfies als auch für Slofies geeignet ist.

Die neue Frontkamera des iPhone 11 Pro macht es einfach, vom Hochformat in den Querformatmodus und umgekehrt zu wechseln, was die Aufnahme von mehr Objekten innerhalb eines Rahmens ermöglicht. Es ist ebenfalls in der Lage, 120 fps Slo-Mo Videos aufzunehmen, was es ermöglicht, einen neuen Funktionsaufruf Slofies zu verwenden.

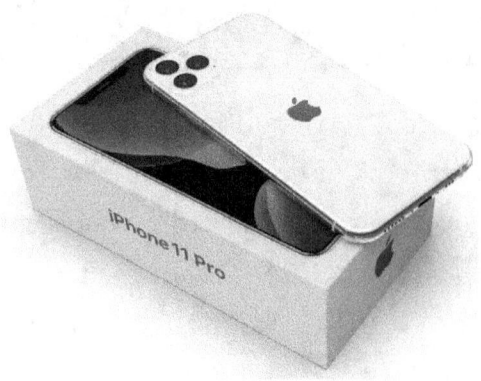

Bild 5: iPhone 11 Pro mit erstaunlichen Fähigkeiten

Diese Zeitlupenvideos ähneln den Slo-Mo-Videos, die mit der nach hinten gerichteten Kamera in vorherigen iPhones verbunden sind. Die neue Kamera ist jedoch in der Lage, im 4k-Modus bis zu 60 fps Videos aufzunehmen und bietet Unterstützung für Videos mit erweitertem Dynamikumfang bei 30 fps.

Slofie ist nicht die einzige Funktion, die das TrueDepth-Kamerasystem des iPhone 11 Pro unterstützt, es unterstützt auch animierte 3D-Emoji-Charaktere namens Animoji und Memoji, die häufig verwendet werden, um zu simulieren, wie das Gesicht einer Person aussehen soll. Wo Animoji tierische Emojis anbietet, bietet das Memoji anpassbare Avatare, die der Benutzer personalisieren kann.

Das iPhone 11 Pro ist das erste Apple-Handy mit einem verbesserten Dreifachobjektiv-Rückfahrkamerasystem, das eine Primärkamera mit einem f/1,8 6-Element-12-Megapixel-Weitwinkelobjektiv mit einer Brennweite von 26 mm, die einem 13-mm-DSLR-Objektiv entspricht, eine zweite Kamera mit einem f/2,4-5-Element-12-Megapixel-Ultra-Weitwinkelobjektiv mit einer Brennweite von 13 mm und einer dritten Kamera mit einem f/2,0-Blende 12-Megapixel-Teleportobjektiv beinhaltet. Das Teleobjektiv unterstützt das 2-fache optische Auszoomen, obwohl es nicht über die optische Zoomfunktion verfügt. Das iPhone 11 Pro unterstützt auch eine nach vorne gerichtete 12-Megapixel-Kamera mit 2,2 Blendenöffnungen für Selfies und Bilder von der Vorderseite.

Das iPhone 11 Pro Modell verwendet auch seine Standard Weitwinkelkamera zur Unterstützung der optischen Bildstabilisierung. Die Kombination aus dem Standard-Weitwinkelobjektiv, Teleportfotos und dem Ultra-Weitwinkelobjektiv verleiht dem iPhone 11 Pro seine leistungsstarken Kamerafunktionen.

Das Dreifachobjektivsystem der iPhone 11 Pro-Modelle macht es besser geeignet für die Aufnahme von Porträtbildern vieler Menschen, indem es den Weitwinkel- und Telefokus-Rahmen im Portraitmodus verwendet.

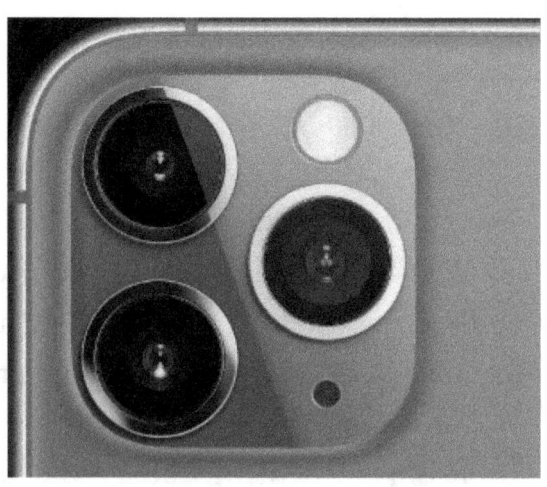

Bild 6: Die drei Kameratypen des iPhone 11 Pro

Apple iPhone 11 Pro Kamera Funktionen

Eine herausragende Eigenschaft der iPhone 11 Kamera ist ihre Fähigkeit, einen Raum zu erfassen, der bis zu viermal so groß ist, wie eine normale Kameraansicht mit ihrer ultraweiten Funktion.

Ein weiteres herausragendes Merkmal des iPhone 11 Pro gegenüber seinen Vorgängern ist seine Fähigkeit, Bilder auch im Dunkeln aufzunehmen, unter Verwendung eines intelligenten maschinellen Lernalgorithmus, der das Telefon dazu bringt, mehrere Aufnahmen im Nachtmodus zu machen und sie dann zu einem scharfen, klaren und sichtbaren Bild von Objekten zu verschmelzen, die selbst das bloße Auge aufgrund der Dunkelheit der Umgebung nicht sehen kann. Wenn Sie also als nächstes in einem dunklen Raum sind und vermuten, dass es dort jemanden oder etwas anderes gibt, können Sie einfach einen Schuss in die Richtung machen, in die Sie vermuten, dass sich das Objekt befindet, und ein Foto machen.

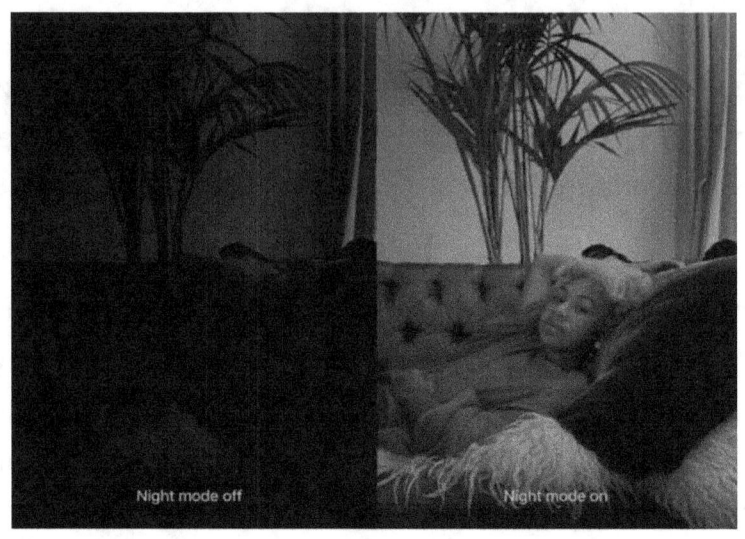

Bild 7: Vergleich von Nachtmodus Ein und Nachtmodus Aus

Dennoch sind Bilder nicht der einzige Bereich, in dem sich das iPhone 11 Pro auszeichnet, es gibt auch eine neue QuickTake-Funktion, mit der Benutzer schnelle Videoclips aufnehmen können, ohne beim Aufnehmen von Fotos in den Videomodus wechseln zu müssen, indem sie den Auslöser kurz antippen und halten.

Liebhaber von Sozialmedien werden die Selfie-Videos in Zeitlupe lieben, die Apple beschlossen hat, Slofies zu nennen. Diese Funktion nutzt die TrueDepth-Kamerafähigkeit der 12-Megapixel-Sensor-Frontkamera, die auch die Unterstützung für 4k-Videoaufnahmen bietet.

Wichtige Kameraeinstellungen, die Sie wissen sollten

Das iPhone 11 Pro verfügt über eine sehr leistungsstarke Kamera, aber die Vorteile der Kamera zu nutzen, kann nur aus dem Wissen resultieren, wie man die Einstellungen der iPhone Kamera optimiert. Viele dieser Einstellungen sind nicht nur für die iPhone Kameras typisch, sondern auch für die Fotowelt und die Liebhaber von Fotos.

Fokus

Dies ist eine sehr dominante Funktion in jeder Kamera, nicht zuletzt auf dem iPhone für jemanden, der Bilder machen möchte, die kristallklar sind.

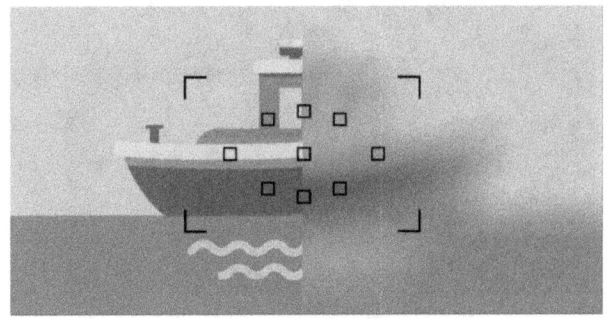

Bild 8: Kamerafokus für Digitalkamera

Wenn der Fokus nicht berücksichtigt wird, kann dies zu unscharfen Bildern führen, die den Ruf der iPhone-Kamera beeinträchtigen können.

Diejenigen, die keine Kameraprofis sind, kommen jedoch aufgrund der großen Tiefenschärfe des iPhone 11 Pro zurecht, so dass es mit seiner automatischen Funktion sicherstellen kann, dass sowohl der Hintergrund als auch der Vordergrund scharf sind.

Belichtung

Eine weitere wichtige Funktion, mit der Fotografen bei der Verwendung von Kameras herumspielen, ist die Belichtung. Obwohl viele Digitalkameras die Belichtung ihrer Kamera automatisch anpassen können, bevorzugen viele andere Benutzer es, diese selbst zu steuern, besonders wenn die Kamera nicht in der Lage ist, sie selbst zu steuern.

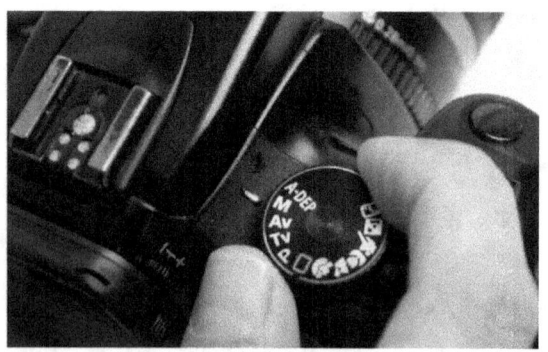

Bild 9: Erkundung der Belichtungsfunktion von Kameras

Der Belichtungsregler für das iPhone 11 Pro ermöglicht es dem Benutzer, die Belichtung der Kamera manuell zu steuern und damit die Belichtungseinstellungen des iPhone zu überschreiben.

19

Der Belichtungsregler ist im Allgemeinen sehr nützlich, wenn Sie die Helligkeit einer Aufnahme korrigieren, obwohl Sie damit auch eine Aufnahme über- oder unterbelichten können, wenn Sie versuchen, einen bestimmten visuellen Effekt zu erzielen.

Filters

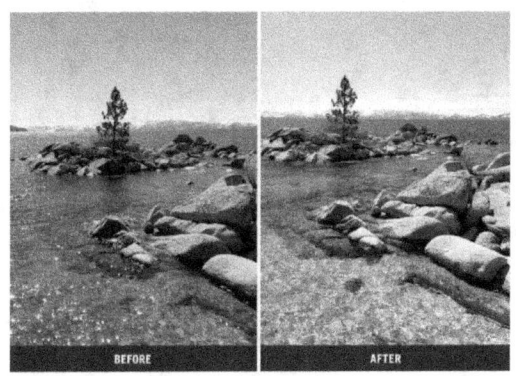

Bild 10: Fotos mit der Filteroption verbessern

Das bedeutet, dass die voreingestellten Filter der Applikation auch bei der Aufnahme von Bildern oder im Live-Modus angewendet werden können.

Selbstauslöser

Das iPhone 11 Pro kommt mit der Filteroption, auch wenn sie unter den Filtern von Programmen wie Instagram liegt, es kann Filter anwenden, um die Farbtöne in Ihren Bildern mit der Kamera-App auf dem iPhone zu ändern.

Es ist an der Zeit, ein Familienfoto zu machen, nur dass es keinen Fremden gibt, der bei der Aufnahme des Fotos helfen kann. Dies ist ein Beispiel für viele andere Situationen, in denen der Selbstauslöser verwendet werden kann.

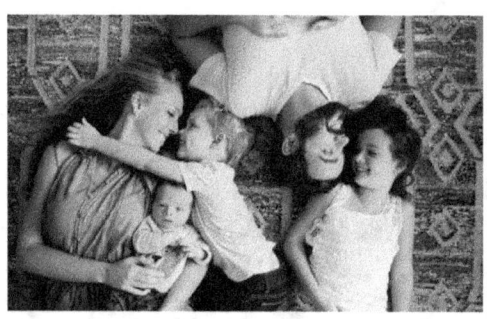

Bild 11: Familienfotos mit dem Selbstauslöser machen

Die Selbstauslöserfunktion ist eine der Optionen, die Sie oben rechts in der Kamera-App auf dem Pro-Bildschirm des iPhone 11 finden.

Gitterlinie

Die Verwendung von Gitterlinien bei der Aufnahme von Bildern ist eine beliebte Funktion für viele Menschen, die nicht in der Lage sind, die Vorteile einiger der komplexen Funktionen der iPhone Kamera wie die Bildkomposition zu nutzen. Viele Amateure nutzen diese Funktion, indem sie den Rahmen in ein 3 x 3 Raster unterteilen und die Drittelregel verwenden, um zu wissen, wo das Motiv im Rahmen platziert werden muss, um die Herausforderungen zu meistern, die mit der

Kompositionsfunktion der iPhone 11 Pro Kamera verbunden sind.

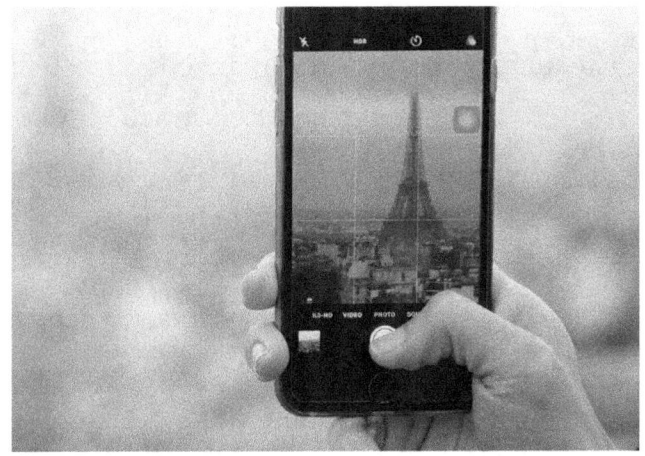

Bild 12: Nutzung der Gitterlinien bei der Aufnahme von Fotos

Bei der Verwendung von Gitterlinien müssen Sie das Hauptobjekt nur auf einer der Linien in den Gitterschnitten positionieren.

Hoher Dynamikbereich (HDR)

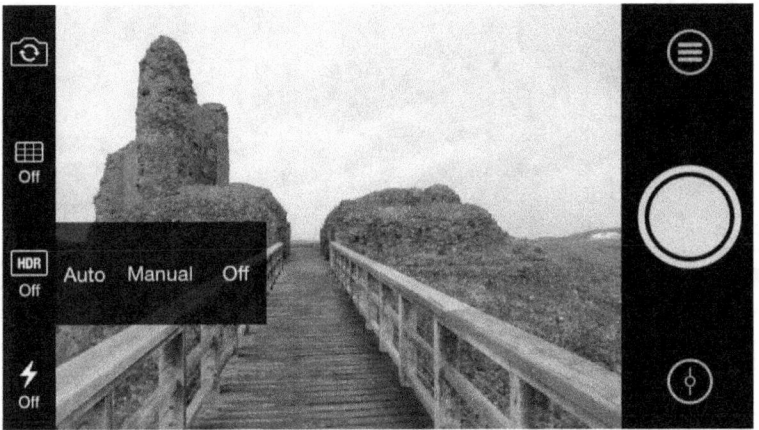

Der HDR ist sehr wichtig für die Aufnahme von Fotos bei sehr schwierigen Lichtverhältnissen, bei denen manuelle Einstellungen und automatische Einstellungen die Belichtungswerte nicht steuern können. Sie werden den HDR in kontrastreichen Beleuchtungen wie Sonnenuntergängen, Sonnenaufgängen und bewölkten Szenen nützlich finden. Durch die Aktivierung des HDR wird das Telefon aufgefordert, drei verschiedene Fotos mit unterschiedlichen Belichtungswerten aufzunehmen, die dann zusammengesetzt werden, um ein klares Bild mit der richtigen Belichtung zu erzeugen.

Kapitel 3

CZ♂CZ♂CZ♂

Fotos auf dem iPhone 11 Pro aufnehmen

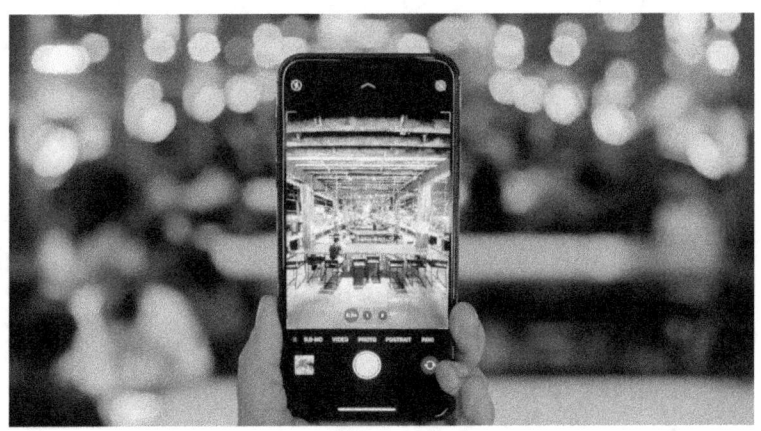

iPhone 11 Pro Kameramodi

Apples iPhone 11 Pro bietet einige Änderungen in den Funktionen der neuen Kamera-App im Vergleich zu anderen iPhones mit iOS 13 und höher. Es kommt mit neuen Bedienelementen, einer Möglichkeit, zwischen den verschiedenen Kameras zu wechseln, und anderen Funktionen wie Quick Video und mehr. Diese aktualisierte Kamera-App-Schnittstelle ist in der Lage, ein ganzes Sichtfeld anzuzeigen, das mit dem Ultraweitwinkelobjektiv der Kamera aufgenommen wurde, auch wenn es das Standard-Weitwinkelobjektiv ist, das bei der Aufnahme des Fotoshootings verwendet wird. Das Wechseln zwischen diesen Modi ist leicht möglich, indem Sie einfach auf relevante Abschnitte der Kamera-App tippen und durchziehen.

Um einen Aufnahmemodus auszuwählen, ziehen Sie einfach nach links oder rechts über den Bildschirm oder nach unten oder oben, wenn Sie das Telefon horizontal halten. Sobald ein Modus ausgewählt ist, erscheint er gelb, während die anderen weiß bleiben.

Die iPhone 11 Pro Kamera App verfügt über sechs Modi für die Aufnahme verschiedener Foto- und Videomodi. Zu den Modi gehören:

- Zeitablauf

- Slo-Mo

- Video

- Foto

- Porträt

- Pano

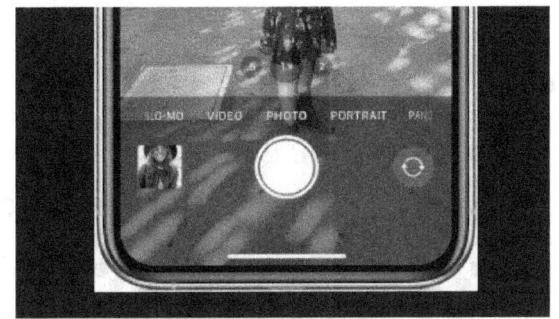

Bild 14: iPhone 11 Profi-Fotomodi

Fotomodus

Der Standardmodus der iPhone 11 Pro Kamera-App ist in der Regel der Fotomodus. Dies ist auch der wahrscheinlich am häufigsten verwendete Modus in der iPhone Kamera-App, da die Leute dazu neigen, viele Standbilder mit ihren Handys aufzunehmen, verglichen mit anderen Funktionen am Telefon. Es wird verwendet, um normale Standbilder aufzunehmen.

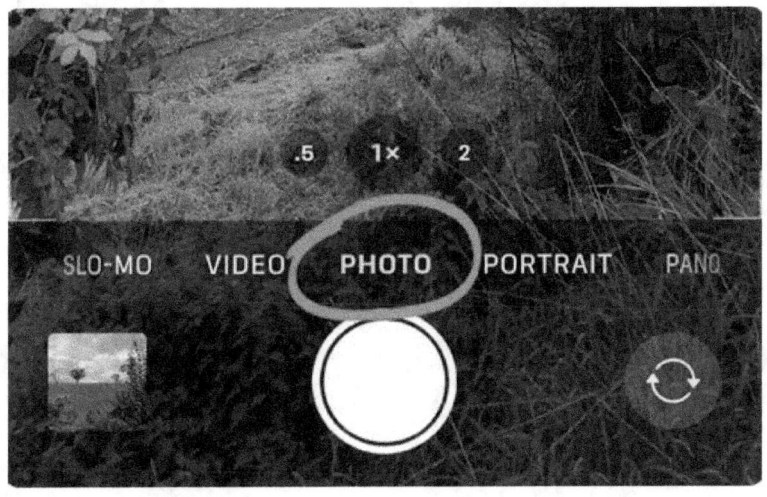

Porträtmodus

Rechts neben dem Fotomodus der iPhone 11 Pro Kamera App befindet sich der Porträtmodus. Diese Funktion ist sehr nützlich, um hochprofessionelle Porträtfotos mit dem iPhone aufzunehmen und um schöne Hintergrund-Weichzeichnungen hinter Fotoshootings zu erzeugen.

Im Vergleich zum iPhone 7 Plus, 8 Plus, X, X, XS, XS, XS Max und iPhone XR, die nur die Verwendung ihrer 2x Telekamera bei der Aufnahme eines Porträtfotos erlaubten, ermöglicht das iPhone 11 Pro dem Benutzer die Wahl zwischen Weitwinkel- und Teleobjektiv für seine Porträtaufnahmen.

Wie erwartet, erzeugt jeder dieser Modi einen Effekt, der sich von dem anderen unterscheidet, da die Breitbildkamera in der Lage ist, bei schlechten Lichtverhältnissen bessere Portraitaufnahmen zu machen als die andere Kamera, da sie eine schnellere f/1,8-Blende hat.

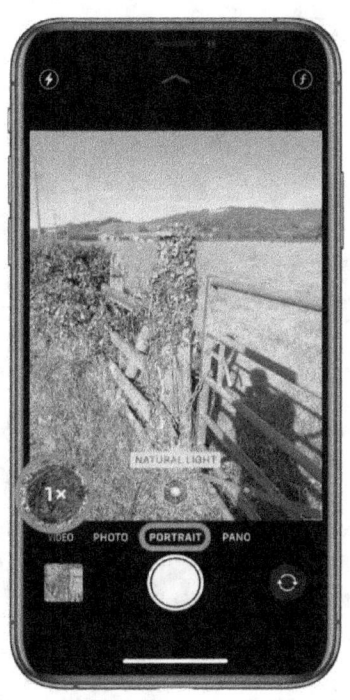

Bild 16: Porträtmodus des iPhone 11 Pro

Der Porträtmodus ist ideal für die Aufnahme von professionell aussehenden Porträtfotos.

Pano-Modus

Neben dem Porträtmodus befindet sich rechts der Pano-Modus. Dieser Modus wird verwendet, um überbreite Landschaften und Stadtbilder einschließlich Panoramafotos aufzunehmen, um mehr Szenen aufzunehmen.

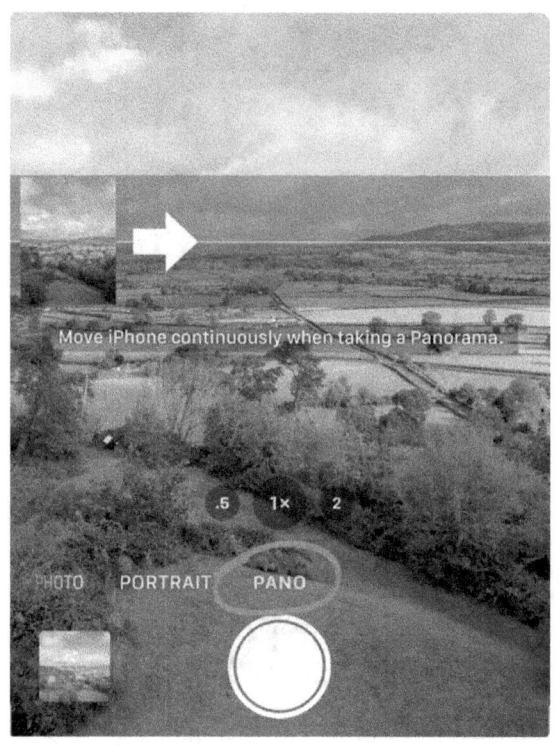

Bild 17: Pano-Modus des iPhone 11 Pro

Um den Pano-Modus zu verwenden, tippen Sie zuerst auf den Auslöser und bewegen Sie das iPhone dann in die durch den Pfeil angezeigte Richtung über die Szene. Sobald Sie die Teile der Szene aufgenommen haben, die Sie aufnehmen möchten, können Sie dann erneut auf den Auslöser tippen, um den Aufnahmeprozess abzuschließen.

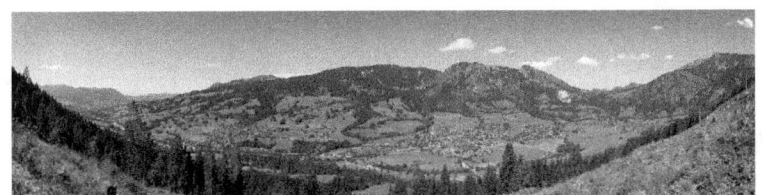

Bild 18: Fotoshooting aus dem Pano-Modus

Videomodus

Unmittelbar links vom Fotomodus der Kamera-App befindet sich der Videomodus. Dieser Modus wird für die Aufnahme von hochwertigem Videomaterial verwendet. Um diese Funktion zu nutzen, tippen Sie zunächst auf die rote Aufnahmetaste, um die Aufnahme eines Videos zu starten, und erneut auf die Taste, um die Aufnahme zu stoppen.

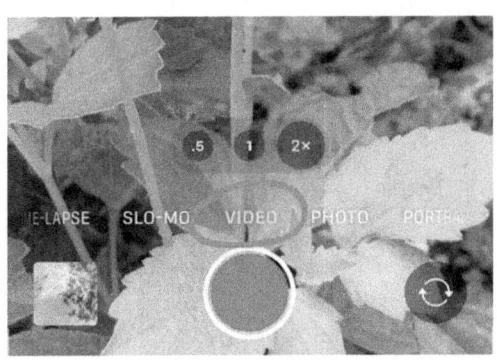

Bild 19: iPhone 11 Pro Video Modus

Slo-Mo Modus

Neben dem Videomodus befindet sich der Slo-Mo Modus, mit dem erstaunliche Zeitlupenvideos von schnell bewegten Personen wie jemandem oder einem Objekt, das läuft, fliegt, springt oder sich bewegt, aufgenommen werden können.

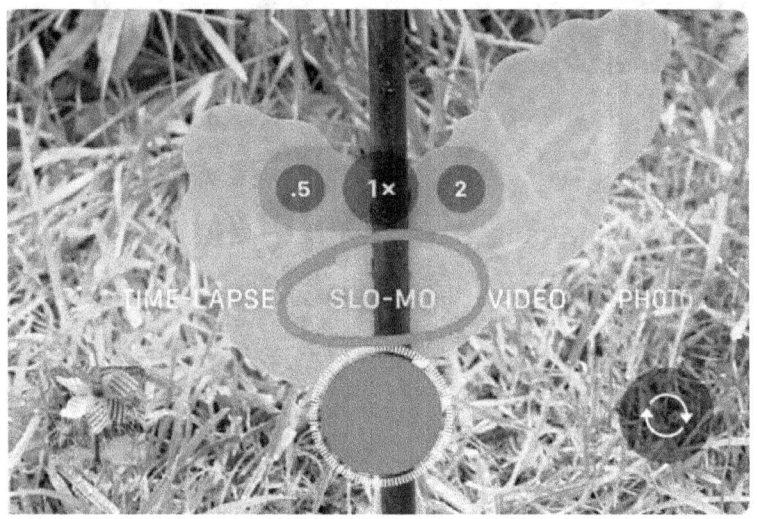

Bild 20: iPhone 11 Pro Slo-Mo Modus

Wie bei anderen Kameramodi üblich, müssen Sie auch hier auf die rote Aufnahmetaste tippen, um mit der Aufnahme eines So-Mo zu beginnen, und auf eine weitere Taste, um die Aufnahme zu stoppen.

Zeitraffer-Modus

Ein weiterer wichtiger Kameramodus der iPhone 11 Pro Kamera-App ist der Zeitraffer-Modus. Dieser Modus führt eine Funktion aus, die dem Slo-Mo gegenüberliegt. Dies geschieht durch die Erstellung eines schnelleren Zeitraffer-Videos.

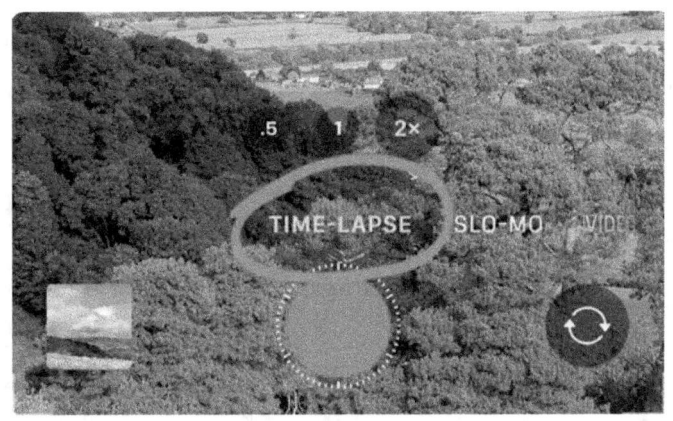

Bild 21: Zeitraffer-Modus

Für die Zeitraffer müssen Sie auch auf die rote Aufnahmetaste tippen, um mit der Aufnahme Ihrer Zeitraffer zu beginnen. Um die Aufnahme zu beenden, müssen Sie nur noch einmal darauf tippen.

Diese Funktion ist eine fantastische Möglichkeit, langsam bewegte Szenen wie brennende Kerzen, Wolken oder Sonnenuntergang zu beschleunigen.

Erforschung der iPhone 11 Pro Objektive

Das iPhone 11 Pro verfügt über drei nach hinten gerichtete Objektive, zu denen das Weitwinkelobjektiv, ein Ultraweitwinkelobjektiv und das Teleobjektiv gehören, wobei jede von ihnen unterschiedliche Funktionen und spezifische Anwendungen aufweist. Das Weitwinkelobjektiv ist das Standardobjektiv des iPhone 11 Pro und hat einen relativ großen Betrachtungswinkel. Im Vergleich zum Weitwinkelobjektiv bietet das Ultra-

Weitwinkelobjektiv dem Anwender ein viel breiteres Sichtfeld, mit dem er viel mehr von jeder beliebigen Szene aufnehmen kann, was es sehr nützlich bei der Aufnahme von breiten Architektur-, Landschafts- und Naturaufnahmen macht. Es ist ebenso gut für die Aufnahme von Gruppenbildern geeignet, wenn Sie möchten, dass mehr Personen in den Rahmen passen, wie auch für Innenaufnahmen, bei denen Sie mehr Teile der Szene aufnehmen möchten.

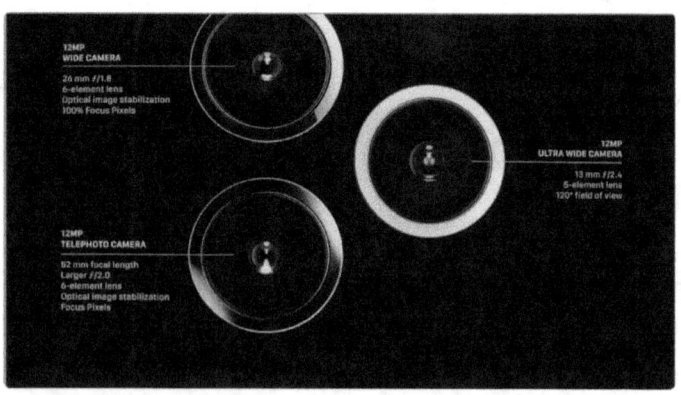

Bild 22: iPhone 11 Pro Kameraobjektive

Das Teleobjektiv hingegen ist sehr nützlich für Aufnahmen, die Sie vergrößern möchten, um eine bessere Sicht zu erhalten. Es ist ideal für Situationen, in denen Sie nicht in der Lage sind, sich dem Motiv, das Sie aufnehmen möchten, physisch zu nähern.

Um die Bilder der verschiedenen Objektivtypen zu vergleichen, müssen Sie Bilder mit den verschiedenen

Objektiven aufnehmen und die Ergebnisse der einzelnen Objektive sehen.

Zwischen den Objektiven wechseln

Das Wechseln zwischen den Objektiven der iPhone Kamera ist so einfach wie das Tippen auf die Zoom-Symbole unten im Sucher.

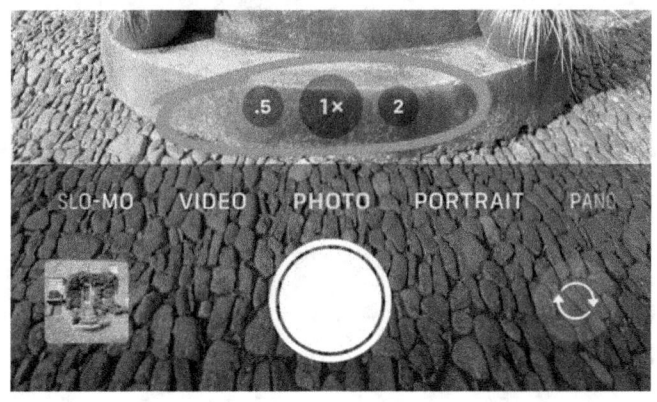

Bild 23: Auswahl der Weitwinkel-, Ultraweitwinkel- und Teleobjektive

Wechsel auf das Standard Weitwinkelobjektiv

Um das Standard-Weitwinkelobjektiv in einem der anwendbaren Modi wie Fotomodus, Videomodus oder Pano-Modus zu verwenden, tippen Sie einfach auf das 1x unter dem Sucher. Normalerweise ist dies der Standardmodus der Kameraanwendung.

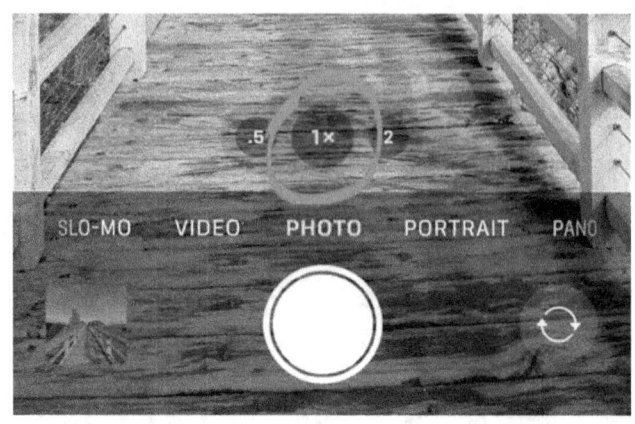

Bild 24: Standard Weitwinkelobjektivauswahl

Wechsel zum Ultra-Weitwinkelobjektiv

Das Ultra-Weitwinkelobjektiv ist nützlich, um das Sichtfeld der Kamera für die Szene, in der Bilder aufgenommen werden sollen, zu erweitern. Um auf das Ultra-Weitwinkelobjektiv umzuschalten, tippen Sie einfach auf das 0, 5x.

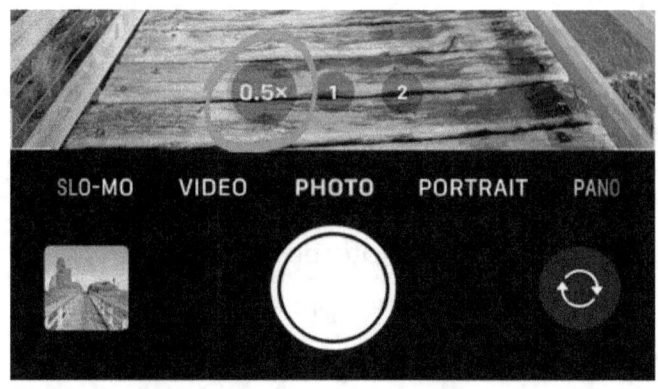

Bild 25: Auswahl an Ultra-Weitwinkelobjektiven

Auf Teleobjektiv umschalten

Das Teleobjektiv ist nützlich, um das Sichtfeld des Kameralinsen einzugrenzen, indem Sie das Motiv, das das iPhone 11 Pro und 11 Pro Max aufnehmen möchten, vergrößern. Das Teleobjektiv ist der Hauptunterschied zwischen dem iPhone 11 und dem iPhone 11 Pro. Um das iPhone 11 Pro auf das Teleobjektiv umzustellen, tippen Sie einfach auf das 2x Symbol unter dem Sucher.

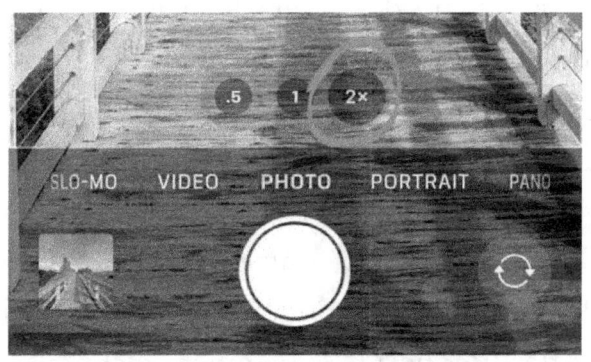

Bild 26: Auswahl des Teleobjektivs

Wenn Sie zur Aufnahme einer Szene das 1x Weitwinkel- oder 2x Teleobjektiv verwenden, wird eine größere Ansicht der Szene außerhalb des Rahmens angezeigt. Auf diese Weise können Sie sich eine Vorstellung davon machen, was aufgenommen werden kann, wenn Sie herauszoomen.

Sie können das Zoomrad auch anzeigen lassen, indem Sie eines der Zoom-Symbole (0,5x, 1x oder 2x) gedrückt halten.

Das Zoomrad ist sehr nützlich bei der Auswahl von Granularwerten, die sich von den 3 festen Standardwerten unterscheiden, und zeigt auch die äquivalente Brennweite in einem 35mm-Film an. Mit dem Zoomrad können Sie zwischen 0,5x und 10x zoomen. Durch Ziehen des Rades nach links oder rechts kann ein Übergang zwischen den verschiedenen Zoomstufen erreicht werden. Für viele Menschen ist die Verwendung der Standardwerte 0,5x, 1x und 2x in der Regel ausreichend, da jeder Zoom außerhalb dieser drei Standardwerte die iPhone 11 Pro Kamera zwingt, ihre digitale Zoomfunktion zu nutzen, was tendenziell zu einer viel schlechteren Bildqualität führt, die den Fähigkeiten der iPhone 11 Pro Kamera nicht ausreichend gerecht wird. Die in den Kameras eingebauten Festbrennweitenwerte von 0,5x, 1x und 2x nutzen die volle optische Qualität der drei Objektive des iPhone 11 Pro zur Erzeugung hochwertiger Bilder.

Feinabstimmung des Ein- und Auszooms

Das iPhone 11 Pro bietet dem Anwender den zusätzlichen Vorteil, dass er alle drei 12-Megapixel-Objektive mit ihren jeweiligen Zoomstufen nutzen kann.

Die Steuerung des Zoom der iPhone 11 Pro Kamera unterscheidet sich von anderen Vorgängerversionen. Auf dem iPhone finden Sie zwei (0,5x und 1x) Tasten, die Sie antippen können, während das iPhone 11 Pro eine dritte Taste für den 2x Zoom hat.

Das iPhone 11 Pro verwendet 1x für das standardmäßige Kamera-Weitwinkelobjektiv, während die Ultraweitwinkelkamera die 0, 5x Option aus den drei möglichen Optionen verwendet, die verfügbar sind, wenn Sie versuchen, den Zoom zu verwenden.

Um das iPhone 11 Pro zu zoomen

- Tippen Sie auf die Kamera-App, um sie zu öffnen.
- Wählen Sie entweder die 0,5x, 1x oder 2x Tasten der Kamera-App, um zu dieser Zoomstufe zu springen, oder Sie können eine der Optionen antippen und halten, um das Zoomrad zu öffnen.
- Ziehen Sie das angezeigte Rad so, dass Sie zwischen den anderen Kameras wechseln undsanfter zoomen können.

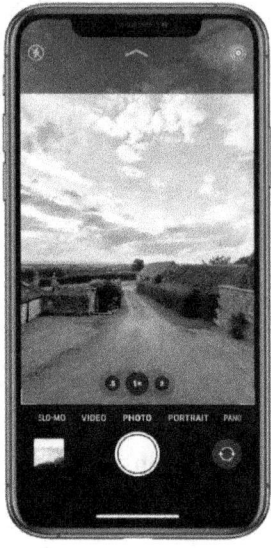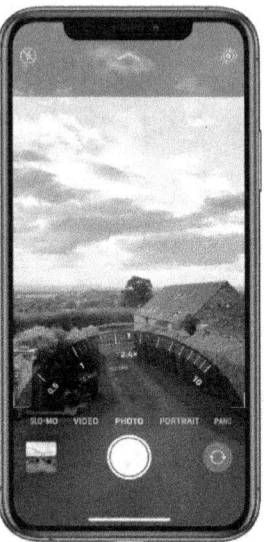

Bild 27: Zoomen von Bildern mit Voreinstellungen oder Zoomrad

Sie verwenden diese Option, um Zwischenzoomstufen anstelle bestimmter Werte auszuwählen und auch die äquivalente Brennweite im Kleinbildfilm darzustellen.

Wenn Sie eine der benutzerdefinierten Zoomstufen verwendet haben, ist es möglich, durch einfaches Drücken der Mitteltaste zu 1x zurückzukehren.

Eine weitere Möglichkeit, die Zoom-Funktion zu bedienen.

- Tippen Sie auf die Kamera-App, um die App zu starten.

- Drücken und zoomen Sie mit zwei Fingern auf dem Bildschirm und passen Sie den Zoom an.

- Wechseln Sie zwischen den Objektiven und wählen Sie Ihr bevorzugtes aus.

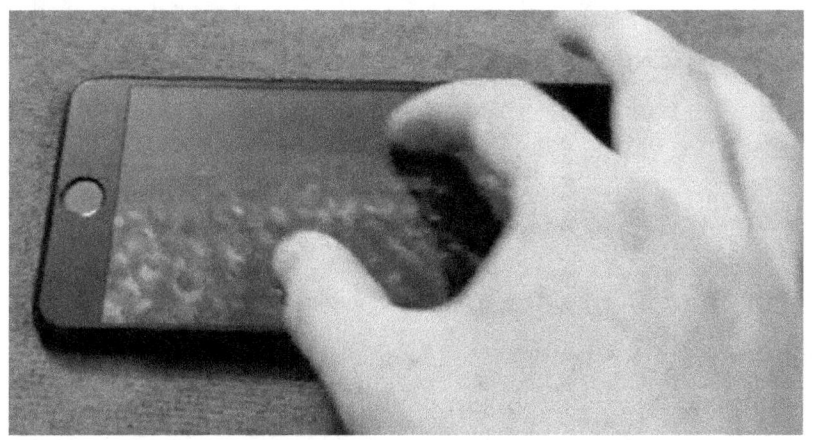

Bild 28: Zoomen durch Kneifen mit zwei Fingern

Hinweis: Diese Option öffnet das Brennweitenrad nicht.

Sie können jederzeit durch Drücken der Mitteltaste zum 1x-Zoom zurückkehren, wenn Sie zuvor beim Herumspielen mit der Zoomfunktion auf eine benutzerdefinierte Zoomstufe gewechselt haben.

Verkleinern von Fotos nach der Aufnahme

Das iPhone 11 Pro hat auch eine versteckte Funktion, die durch die ultrabreite Kamera möglich ist, nämlich die Möglichkeit, ein Foto, das mit einem der beiden anderen Objektive aufgenommen wurde, zu vergrößern, um einen breiteren Bilderrahmen zu erhalten, nachdem Sie es aufgenommen haben. Mit dieser Funktion können mehr Personen einbezogen werden, die ursprünglich nicht in einem Gruppenfoto aufgenommen wurden, da die ultrabreiten Bilder dazu neigen, eine Kopie jeder Aufnahme aufzubewahren, so dass Sie in der Lage sind, diese ursprünglich verpassten Personen mit dem Zuschneidewerkzeug in der Photos App wieder in die Aufnahme zu bringen.

Verwendung der Lautstärketasten als Auslöser

Sie können ein Bild mit dem iPhone 11 Pro aufnehmen, indem Sie die Lautstärketaste anstelle des Auslösers verwenden. Wie bei vielen Dingen auf dem iPhone 11 Pro ist dies im Wesentlichen einfach zu tun.

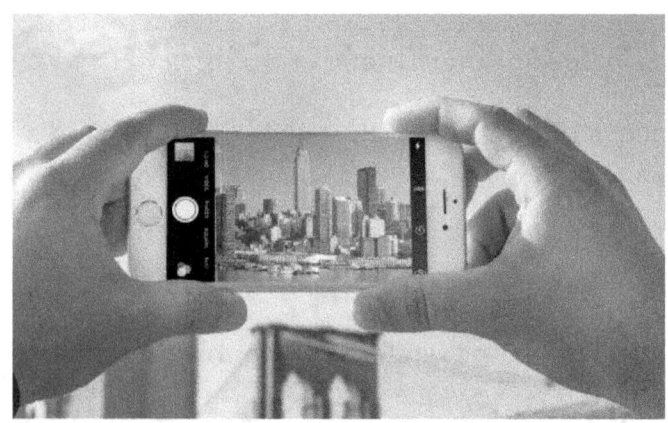

Bild 29: Aufnahme eines Fotos mit der Lautstärketaste

- Tippen Sie auf die Kamera-App, um sie zu starten.

- Fokussieren Sie die Kamera auf das Motiv, das Sie aufnehmen möchten.

- Tippen Sie auf die Taste für die Erhöhung der Lautstärke, um ein Bild aufzunehmen.

Fotos mit den Hinteren Kameras machen

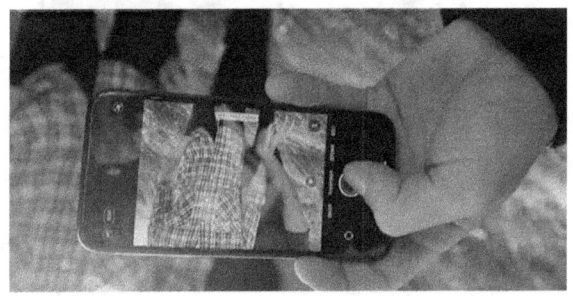

Bild 30: Mit dem iPhone 11 Pro wichtige Momente festhalten

- Starten Sie die Kamera-App, indem Sie darauf tippen. Der Standardmodus beim Start der Kameraanwendung ist der Fotomodus.

- Richten Sie die Kamera so aus, dass sie auf das Motiv fokussiert, dessen Aufnahme gemacht werden soll.

- Wenn das Motiv scharfgestellt ist, tippen Sie auf den Verschluss, um das Bild aufzunehmen.

Wie man Videos aufnimmt

42

- Starten Sie die Kamera-App, indem Sie darauf tippen.

- Wechseln Sie vom Standardfotomodus in den Videomodus, indem Sie auf die Videooption neben der Fotooption über dem Auslöser tippen.

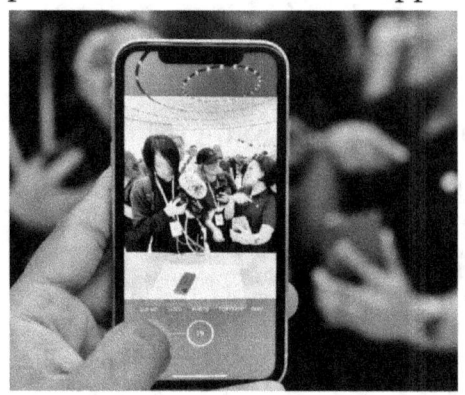

Bild 31: Wichtige Momente mit dem Videorekorder aufnehmen

- Tippen Sie auf die Schaltfläche Record, um die Aufnahme zu starten.

- Tippen Sie erneut auf die Schaltfläche Record, um die Aufnahme zu stoppen, wenn Sie fertig sind.

Aufnehmen eines Videos zwischen Fotos mit QuickTake

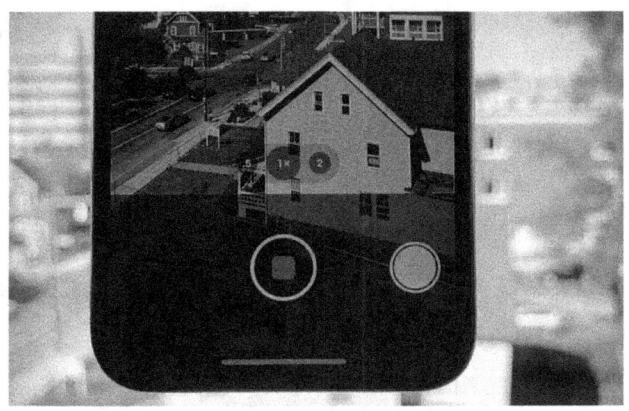

Bild 32: Schnelle Umschaltung von Standbildern auf Videoaufzeichnung

Wenn Sie sich jemals gewünscht haben, dass es eine Möglichkeit gibt, sofort von der Aufnahme eines Standbildes zur Aufnahme eines Videos umzuschalten, ohne die Modi wie in einer Snapchat-Geschichte oder Instagram-Geschichte wechseln zu müssen, dann ist die QuickTake-Funktion genau das Richtige für Sie. Um dies auf älteren iPhones zu erreichen, müssen Sie in der Regel in den Videomodus wechseln und den Auslöser drücken, um mit der Aufnahme zu beginnen. Auf dem iPhone 11 Pro können Sie ein Video aufnehmen und bleiben trotzdem im Fotomodus.

Diese Funktion ist eigentlich sehr einfach zu aktivieren und zu bedienen, obwohl sie sich leicht von der Art und Weise unterscheidet, wie niedrigere Versionen des iPhone 11 Pro sie erreichen. QuickTake kann sowohl an Vorder- als auch an Hinterkameras verwendet werden, auch wenn

44

der Anwender auf das Seitenverhältnis achten muss. QuickTake übernimmt immer das Seitenverhältnis des aufzunehmenden Fotos, so dass ein Foto, das auf 4:3 eingestellt ist, dieselbe Einstellung für das QuickTake verwendet. Wenn Sie möchten, dass Ihr Video stattdessen 16:9 ist, müssen Sie das Seitenverhältnis des Fotos entsprechend einstellen. Um mit dem QuickTake aufzunehmen, beachten Sie die folgenden Schritte.

- Halten Sie den Auslöser gedrückt, um mit der Aufnahme des QuickTake-Videos zu beginnen, während Sie sich noch im Fotomodus befinden. Der Auslöser wird rot. Und Sie sehen den Videotimer oben auf dem Bildschirm.

- Nehmen Sie Ihre Hände vom Verschluss, um die QuickTake-Videoaufnahme zu stoppen, und Sie können immer noch Fotos machen.

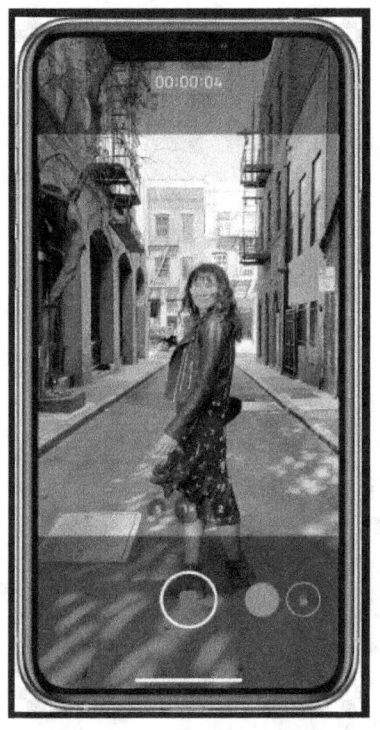

Bild 33: QuickTake Timer

Um Ihre Hände freizugeben, um weiterhin Standbilder aufzunehmen oder andere Aktivitäten durchzuführen, ist es besser, den QuickTake zu sperren, während die Videoaufzeichnung läuft.

- Um dies zu erreichen, schieben Sie den Auslöser rechts neben den Bildschirm, um sowohl die Aufnahme- als auch die Auslösetaste unterhalb des Rahmens zu belichten.

- Wenn Sie die Videoaufnahme sperren, erscheint ein weißer Auslöser in der rechten unteren Ecke

46

des Bildschirms. Mit dem Auslöser können Sie dann die Aufnahme von Standbildern fortsetzen, während die QuickTake-Videoaufnahme noch läuft.

- Mit der Schaltfläche Record können Sie die laufende Aufnahme durch einfaches Antippen stoppen.

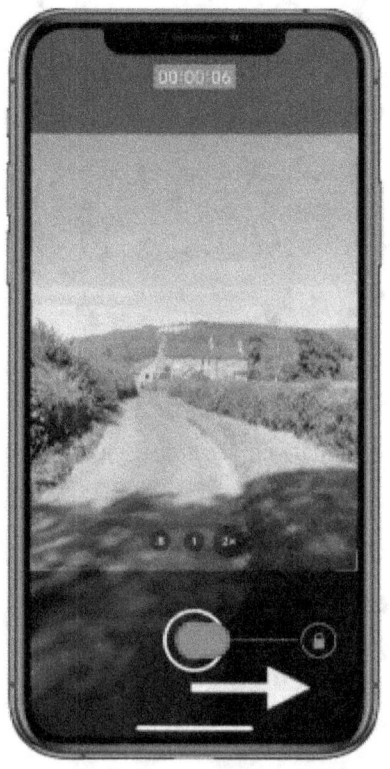

Bild 34: Das QuickTake-Video sperren

Dies ist eine wirklich coole Funktion, die es Benutzern ermöglicht, Videos und Fotos gleichzeitig aufzunehmen.

Es ist wichtig zu beachten, dass die Auflösung der Bilder etwas niedriger sein kann als normal, aber bei weitem nicht annähernd ein Bild mit schlechter Qualität.

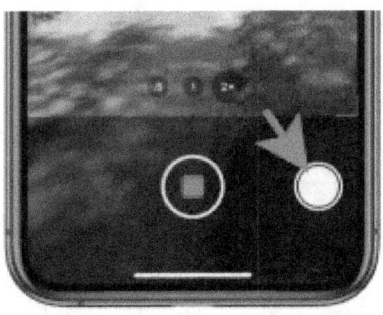

Bild 35: Weißer Auslöser zum Fortsetzen der Bilder

Aufnahme von Burst-Fotos

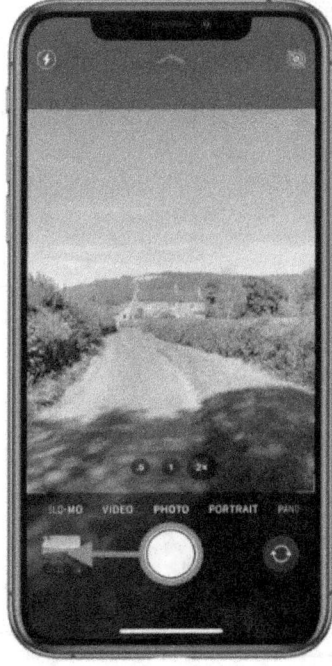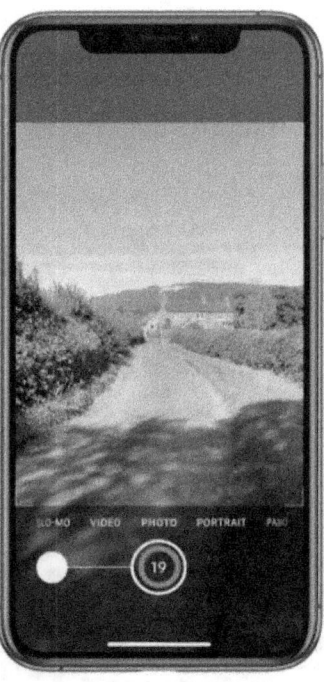

Stellen Sie sich vor, Sie möchten ein genaues Bild von Ihnen in der Luft aufnehmen, wenn Sie vom Boden springen, und möchten, dass das Timing stimmt, so dass das Bild klar und nicht verschwommen erscheint, oder Sie möchten eine Aufnahme von Ihnen beim Laufen oder ein Bild eines fahrenden Fahrzeugs machen, frühere Versionen des iPhone haben normalerweise die Burst-Funktion verwendet, um dies zu erreichen. Der Burst-Modus ist ein fantastisches iPhone-Tool zur Aufnahme von Personen, die sich in Bewegung befinden. Wenn Sie also Schwierigkeiten beim Aufnehmen bewegter Objekte haben und wissen, dass es schwierig sein kann, den Auslöser genau in dem Moment zu drücken, in dem Sie diesen Burst-Modus wählen, ist diese Funktion definitiv für Sie geeignet.

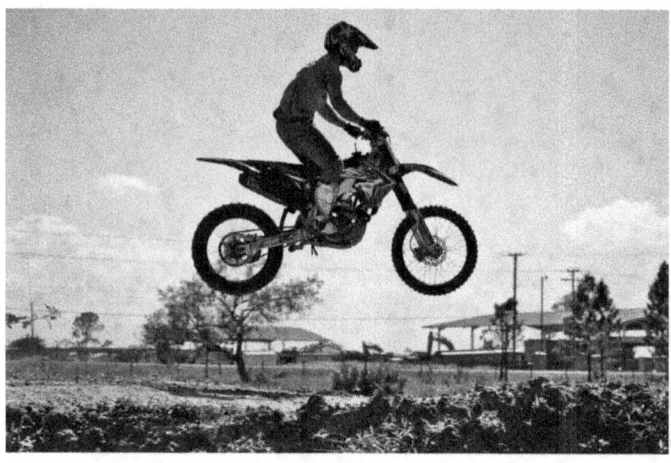

Bild 37: Aufnahme von Bildern in der Luft mit Burst-Funktion

In früheren Versionen des iPhone, die auch die Burst-Funktion wie das iPhone 11 Pro hatten, mussten Sie nur den Auslöser drücken und halten, und das Gerät nimmt die Bilder so lange auf, wie der Finger auf dem Bildschirm bleibt.

Nun, für das neue iPhone 11 Pro wird diese Funktion nun für die QuickTake-Funktion verwendet. In dieser aktuellen Version erfordert der Burst derzeit einige weitere Schritte, die zu erreichen sind, verglichen mit dem Halten des Verschlusses im Fotomodus früherer Versionen. Wenn Sie eine Aufnahme im Burst-Modus machen, werden jede Sekunde mehrere Fotos gemacht, um das Motiv aufzunehmen, während es sich über die Szene bewegt, bis Sie Ihren Finger loslassen, so dass Sie in der Lage sind, die beste Aufnahme aus dem Burst auszuwählen, mit der Option, die anderen zu verwerfen. Die Anzahl der Fotos, die innerhalb des Bursts aufgenommen wurden, wird durch die Anzahl im Verschluss angezeigt.

Um auf dem iPhone 11 Pro einen Burst zu machen, führen Sie diese einfachen Schritte aus.

- Starten Sie die Kamera-App auf Ihrem iPhone.
- Drücken Sie den Auslöser.
- Ziehen Sie dann schnell nach links in Richtung des Miniaturansichtenstapels des Fotos, wenn Sie ein

vertikales Foto aufnehmen, oder nach unten für horizontale Fotos.

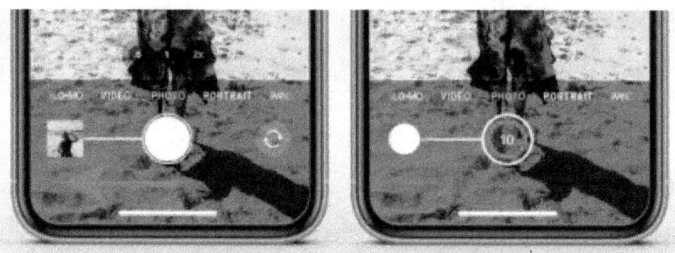

Bild 38: Aufnahme eines Burst-Fotos

Vergewissern Sie sich, dass der Auslöser nicht rot ist. Wenn es rot ist, bedeutet das, dass Sie Ihren Finger möglicherweise zu lange auf den Verschluss gehalten haben, so dass das Telefon denkt, dass Sie ein Video aufnehmen möchten. Wenn das der Fall ist, muss man von vorne anfangen.

Wenn Sie es richtig gemacht haben, würde sich der Verschlusszyklus in Richtung Ihres Fingers bewegen, um den Beginn des Bursts anzuzeigen. Um den Burst zu beenden, nehmen Sie einfach Ihren Finger vom Bildschirm.

Wenn die Burst-Aufnahme abgeschlossen ist, können Sie dann das Burst-Miniaturbild in der App Photos öffnen. Die Burst-Fotos können anhand der Miniaturansicht anhand ihrer gestapelten Bilder identifiziert werden. Von dort aus tippen Sie nun auf die Bilder, die Sie behalten möchten. Tippen Sie auf Fertig, um nur die ausgewählten

Fotos zu speichern. Die ausgewählten Bilder werden dann in Ihrer Fotobibliothek gespeichert und die anderen gelöscht.

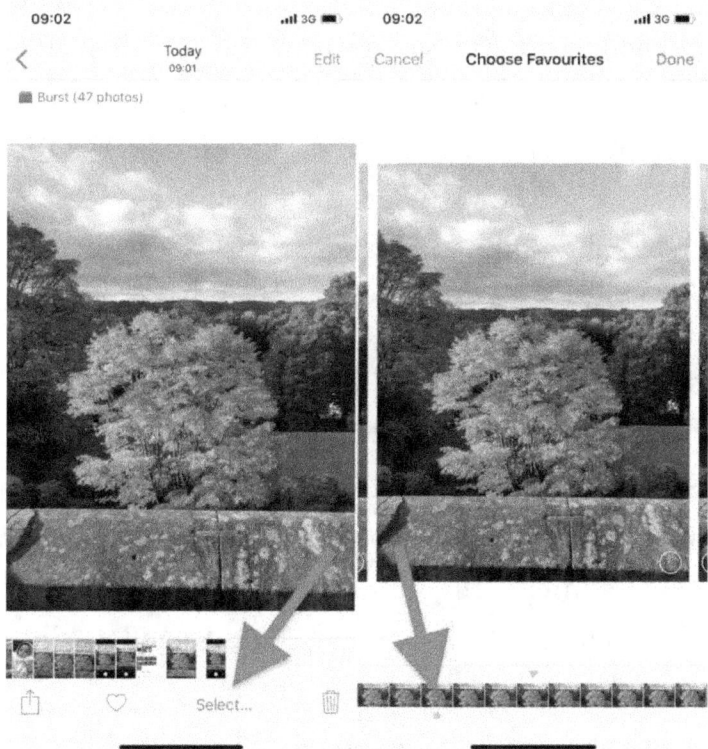

Bild 39: Burst-Modus Bildauswahl

Einrichten der Fotoaufnahme außerhalb des Rahmens

Die Aufnahme von Bildern außerhalb eines Fotorahmens mit dem ultraweiten System verwendet eine Funktion, die als Komposition bezeichnet wird. Die Komposition ist ein wichtiges Merkmal, das ein gut aufgenommenes Bild von einem normalen Schnappschuss unterscheidet. Wenn

Sie beispielsweise eine Aufnahme machen möchten, sich aber Personen am Bildrand befinden, die nicht aufgenommen wurden, anstatt heranzuzoomen, können Sie stattdessen ein etwas größeres Sichtfeld wiederherstellen, indem Sie die Kameras auf dem iPhone 11 Pro verwenden, indem Sie die Kompositionseinstellung einschalten. Um das Telefon so einzustellen, dass es Bilder außerhalb des Rahmens aufnehmen kann, können Sie diese Schritte ausführen.

- Tippen Sie hier, um die Einstellungs-App auf Ihrem iPhone zu starten.
- Kamera auswählen und tippen
- Schalten Sie den Schalter in der Nähe des Fotos außerhalb des Rahmens und der Videos außerhalb des Rahmens ein, um die Funktion des iPhones einzuschalten, Bilder und Videos außerhalb des aktuellen Rahmens aufzunehmen.
- Tippen Sie anschließend auf den Schalter neben der automatischen Übernehmen-Einstellung, damit die Kompositionsanpassungen auf alle Ihre Fotoshootings angewendet werden können.

Es ist bemerkenswert zu wissen, dass das Aktivieren und Deaktivieren dieser Funktion nur über die Einstellungs-App und nicht über die Kamera-App erfolgen kann. Gehen Sie also zu Einstellungen -> Kamera ->

Komposition, wo Sie die drei Schaltflächen einstellen können. Sie werden feststellen, dass separate Umschalter verwendet werden, um die Außenseite der Rahmenschalter für Fotos und Videos und einen weiteren Schalter für automatische Anwendungseinstellungen zu steuern.

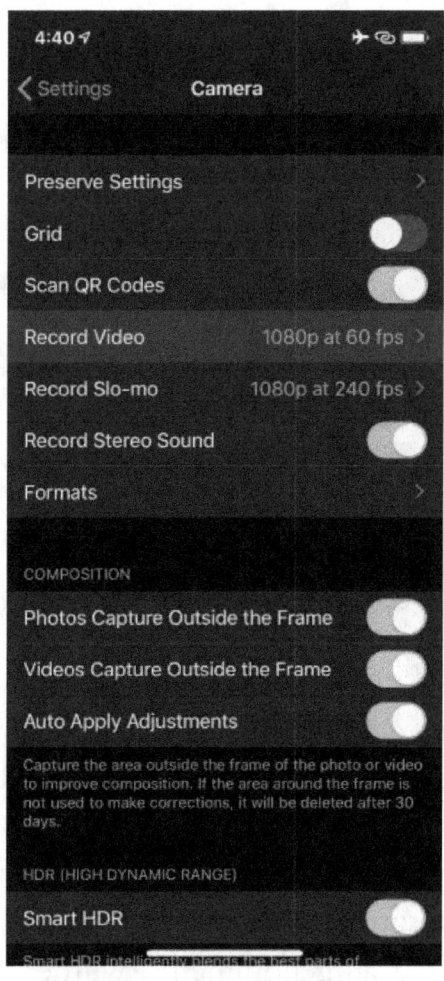

Bild 40: Konfigurieren der Komposition auf dem iPhone 11 Pro

Ein wertvoller Hinweis zu dieser Funktion ist, dass Sie, wenn Sie Fotos oder Videos außerhalb des Standardrahmens Ihrer Kamera aufnehmen, die Bilder mit Apples effizienterem HEIC- und HEVC-Bild anstelle von JPG speichern müssen.

Nutzung der Vorteile außerhalb des Rahmens

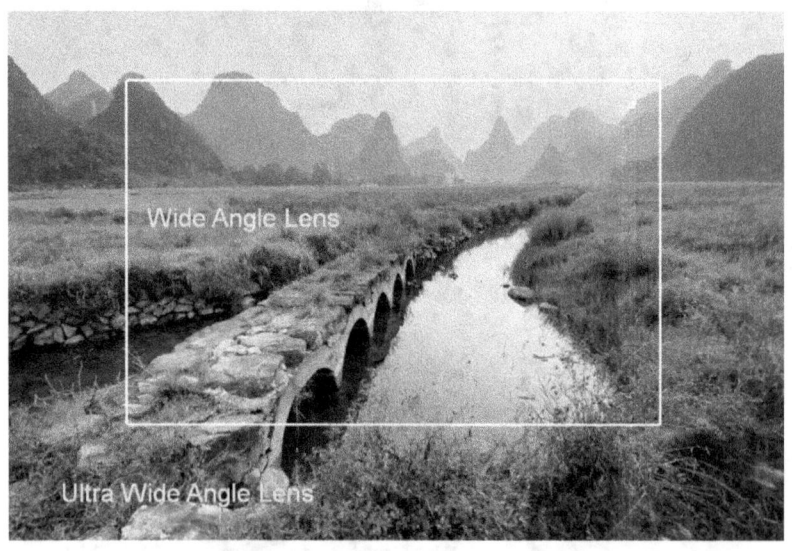

Bild 41: Verwendung des Ultra- und Weitwinkelobjektivs

Während es möglich ist, die Weitwinkelaufnahme bei der Aufnahme eines Bildes zu verwenden, ist es manchmal auch möglich, ein Bild um den aktiven Sucher herum aufgenommen zu haben, nur um festzustellen, wenn Sie das Bild bearbeiten oder verwenden möchten, dass ein Teil des Hintergrunds ausgeschnitten und nicht im Standardrahmen aufgenommen wurde. Die gute

Nachricht ist, dass, wenn Sie die Außenseite der Rahmenfunktion in den iPhone-Einstellungen eingestellt haben, Sie dennoch Zugriff auf die Ultra-Weitwinkelaufnahme haben können, da das iPhone sicherstellt, dass es mehr als eine Aufnahme macht, wenn ein Bild aufgenommen wird. Wenn Sie also ein Foto gemacht haben, aber eine Person am Rand des Rahmens nicht aufgenommen wurde, können Sie das Foto bearbeiten, indem Sie es vergrößern, um eine breitere Aufnahme des Bildes zu sehen, die nun die Person haben kann, die im Standardrahmen weggelassen wurde, weil das ultraweite Objektiv auch eine Kopie des Bildes aufgenommen hätte. Es ist zu beachten, dass dies nur möglich ist, wenn Sie die Kompositionseinstellung des Telefons außerhalb des Rahmens aktiviert haben und sowohl für Fotos als auch für Videos funktioniert. Um diese Funktion zu nutzen, können Sie die folgenden einfachen Schritte ausführen.

- Tippen Sie hier, um die Foto-App auf Ihrem iPhone 11 Pro zu starten.
- Tippen Sie hier, um das Video oder Foto zu öffnen, das Sie bearbeiten möchten.
- Tippen Sie auf Bearbeiten. Wenn das Foto Daten von außerhalb des Rahmens enthält, die bearbeitet werden können, sehen Sie ein Messsuchersymbol mit einem Stern.

- Verwenden Sie das Zuschneidewerkzeug, um die Kanten um den aktuellen Rahmen zu erweitern, um weitere Teile des Fotos oder Videos zu belichten.
- Sie können die automatische Anwendung auch verwenden, um dies automatisch zu tun, wenn die Anwendung Gesichter oder Personen erkennen kann, die nicht erfasst wurden.
- Tippen Sie auf Fertig nach der Bearbeitung.

Wenn Sie Bilder außerhalb des Standardrahmens aufnehmen, müssen Sie beachten, dass diese Bilder nach 30 Tagen gelöscht werden können, wenn sie innerhalb dieses Zeitraums unbenutzt bleiben, obwohl das Bild vom Standardobjektiv dennoch lange nach der Aufnahme existieren kann.

Obwohl diese Funktion einfach zu bedienen ist, finden viele Benutzer sie manchmal verwirrend. Einige aufgenommene Bilder zeigen manchmal keine anderen Aspekte der Fotos an, wenn sie vergrößert werden, obwohl der quadratische Stern, der verwendet wird, um anzuzeigen, dass mehr Informationen außerhalb des Rahmens vorhanden sind.

Es stellt sich heraus, dass es zwei verschiedene Möglichkeiten gibt, auf die außerhalb des Rahmens erfassten Informationen zuzugreifen. Wenn der Versuch, ein Foto zu vergrößern, jedoch nicht funktioniert, können Sie versuchen, das Zuschneidewerkzeug wie bisher auszuwählen, dann auf das Dreipunktsymbol in der oberen rechten Ecke zu tippen und dann auf Inhalt außerhalb des Rahmens verwenden. Bei Fotos, die zuvor beschnitten und gerade ausgerichtet wurden, wird wahrscheinlich eine Warnmeldung angezeigt, dass Ihr vorheriger Beschnitt zurückgesetzt werden soll. Tippen Sie auf, um die Warnung zu akzeptieren, so dass Sie nun in der Lage sind, den Ultraweitbild zu bearbeiten.

Kapitel 4

Bilder auf dem iPhone 11 Pro bearbeiten

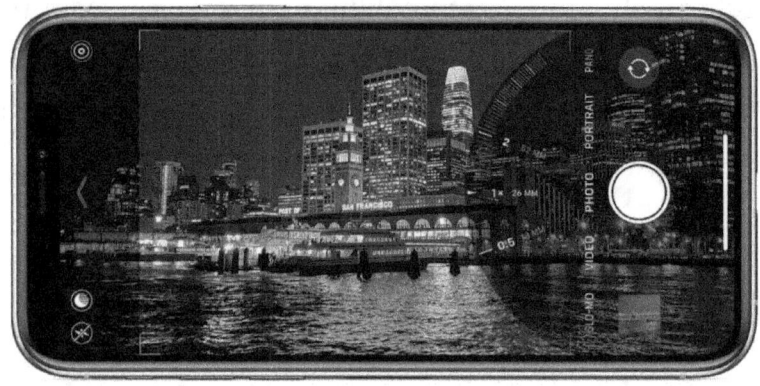

Für diejenigen, die es vorziehen, die native App des iPhone bei der Bearbeitung von Fotos zu verwenden, anstatt teure Bearbeitungsprogramme wie Photoshop zu verwenden, sind die folgenden Anweisungen nützlich. Das iPhone 11 Pro verfügt über leistungsstarke Fotobearbeitungswerkzeuge, mit denen Sie Fotos bearbeiten können, um sie zu beschneiden, zu filtern, den Farbausgleich einzustellen und andere einfache wichtige Funktionen zu nutzen.

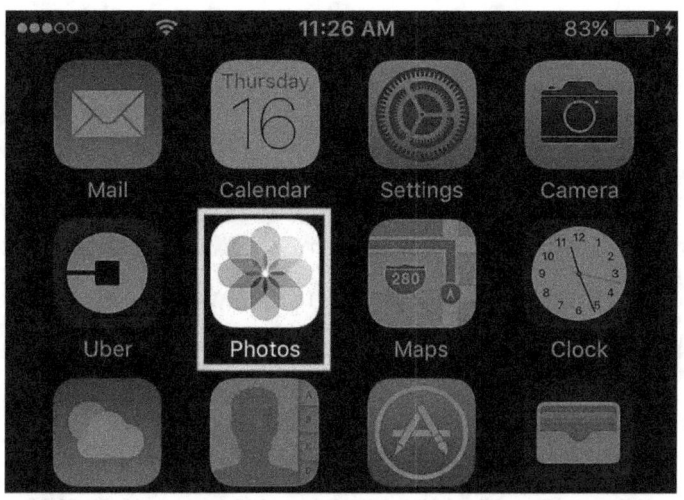

Bild 42: Tippen Sie hier, um die Foto-App zu öffnen

Ein Foto oder Video bearbeiten

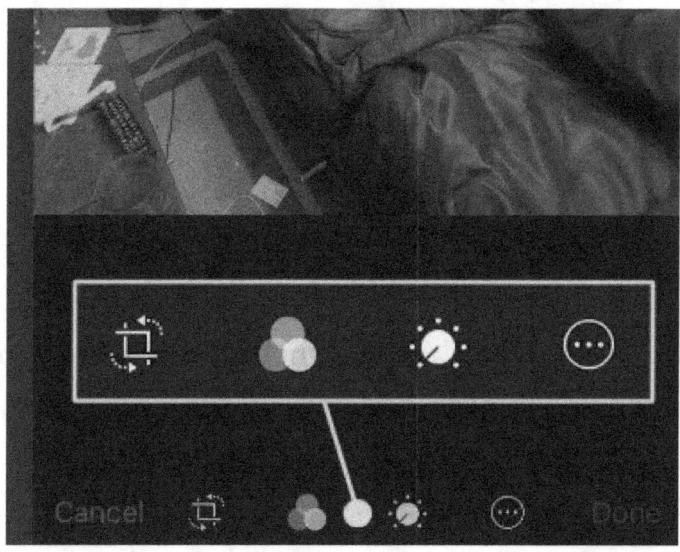

Bild 43: Auffinden der Bearbeitungs-Schaltfläche in der Foto-Applikation

- Tippen Sie auf die Foto-App, um sie zu starten.

60

- Tippen Sie auf die Miniaturansicht des Fotos oder Videos, die Sie bearbeiten möchten, um sie zu öffnen.

- Tippen Sie auf Bearbeiten, dann streichen Sie nach links unter das Foto, um die Schaltflächen zum Bearbeiten von Effekten wie Zuschneiden, Brillanz, Hervorhebungen und Belichtung anzuzeigen.

- Tippen Sie auf eine Schaltfläche und ziehen Sie dann den Schieberegler, um die gewünschten Änderungen vorzunehmen.

- Die um die Schaltfläche herum dargestellte Umrandung wird verwendet, um die Auswirkungen der vorgenommenen Anpassungen anzuzeigen, wenn sie sich entweder erhöhen oder verringern.

Vergleich der Vor- und Nachwirkungen von Bildbearbeitungen

Wenn die Foto-App noch geöffnet ist, können Sie nach dem Übernehmen der Änderungen die Auswirkungen Ihrer Aktionen auf das Thema sehen, indem Sie die folgenden Aktionen ausführen.

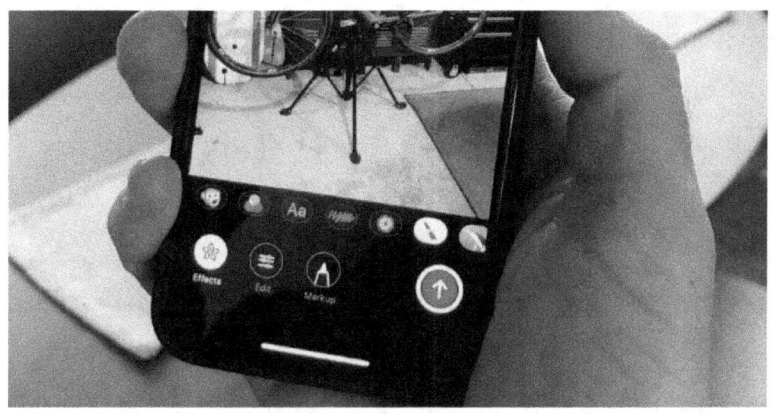

Bild 44: Auffinden der Schaltfläche Effekte in der Foto-Applikation

- Tippen Sie auf die Effekt-Taste, um die Vorher-Effekt-Aufnahmen des Fotos und die Nachher-Effekt-Aufnahmen des Fotos anzuzeigen.

- Tippen Sie auf das Foto, um von der Originalversion des Fotos zur bearbeiteten Version zu wechseln.

- Tippen Sie auf Fertig, um die Änderungen zu übernehmen, und auf Abbrechen, um die Änderungen zu verwerfen.

Machen Sie Screenshots

Screenshots auf dem iPhone 11 Pro zu machen, ist eine Funktion, die viele Benutzer sehr nützlich finden, da sie es ihnen ermöglicht, Aktivitäten oder Nachrichten am Telefon für zukünftige Referenzen zu dokumentieren. Um das zu tun, müssen Sie diesen einfachen Schritten folgen.

- Halten Sie die Taste Lautstärke nach oben mit der Seitentaste gleichzeitig gedrückt, bevor Sie sie schnell loslassen.
- Die Miniaturansicht Ihres Screenshot wird unten links auf Ihrem Bildschirm angezeigt.
- Tippen Sie auf dieses Miniaturbild, um kleinere Änderungen und Bearbeitungen vorzunehmen.
- Um den Screenshot zu teilen, halten Sie die Miniaturansicht gedrückt.
- Wenn Sie jedoch mit ihm unzufrieden sind und ihn vielleicht verwerfen möchten, können Sie ihn dazu auf der linken Seite des Bildschirms streichen, andernfalls können Sie ihn speichern.

Kenntnis der verschiedenen Beschnittoptionen

Viele Benutzer der iPhone 11 Pro-Kameras sind wahrscheinlich sozialversiert und wollen nicht in Bezug auf das Bildverhältnis oder die Bildgrößen eingeschränkt werden und wollen die Bilder nach der Aufnahme anpassen können. Glücklicherweise lässt das iPhone 11 Pro dies zu.

- Tippen Sie hier, um die iPhone 11 Pro Fotos App zu öffnen.

- Tippen Sie auf ein Foto- oder Video-Miniaturbild von dem, was Sie bearbeiten möchten.

- Tippen Sie auf Bearbeiten und wählen Sie das Zuschneidewerkzeug aus, Sie erkennen es an seinem quadratischen Symbol mit Pfeilen, die es umgeben.

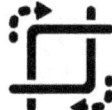

- Um manuell zu beschneiden, ziehen Sie die Ecken des Rechtecks, das es umgibt, indem Sie die Bereiche des Fotos, die Sie behalten möchten, schließen. Sie können das Foto auch einklemmen und ziehen, um den entsprechenden Effekt zu erhalten.

- Um auf ein Standardvoreinstellungsverhältnis zuzuschneiden, tippen Sie auf die Voreinstellungstaste und wählen Sie eine der Voreinstelloptionen wie Quadrat, 5:4, 3:2, 5:3, 4:3 und 8:10. Sie können 16:9 und 7:5 für Panoramafotos verwenden, obwohl 1:1 bei Instagram-Benutzern beliebter ist.

- Um ein Bild zu drehen, tippen Sie auf das abgerundete Quadrat mit einem rotierenden Pfeil oben, um das Foto um 90 Grad zu drehen.

- Wählen Sie die Flip-Taste, um das Bild horizontal zu spiegeln, wenn Sie ein Bild umdrehen möchten.
- Tippen Sie auf Fertig, um Änderungen zu speichern, und auf Abbrechen, um Änderungen zu verwerfen.

Ausrichtung und Anpassung der Perspektive

- Tippen Sie auf die Foto-App, um sie zu starten.
- Tippen Sie auf ein Foto- oder Video-Miniaturbild von dem, was Sie bearbeiten möchten.
- Tippen Sie auf Bearbeiten und anschließend auf die Schaltfläche Zuschneiden.
- Wählen Sie eine Effekt-Taste zum Glätten und Einstellen der horizontalen und vertikalen Perspektive.
- Bei Fotos, die mit der Ultraweitkamera aufgenommen wurden, können Aspekte des Fotos außerhalb des Rahmens automatisch verwendet werden, um Änderungen an Ausrichtungen und Perspektiven vorzunehmen. Ein blaues Auto-Symbol, das über dem Foto erscheint, wird verwendet, um anzuzeigen, dass eine automatische Anpassung durchgeführt wurde.

- Verwenden Sie den Slider, um den Effekt einzustellen, indem Sie über den Schieberegler gleiten.

- Beobachten Sie die angezeigte gelbe Umrandung um die Schaltfläche herum, um die Wirksamkeit Ihrer Einstellungen auf dem Foto zu überwachen.

- Tippen Sie auf die Schaltfläche, um zwischen dem ursprünglichen und dem bearbeiteten Effekt zu wechseln, um die Auswirkungen Ihrer Änderungen zu beobachten.

- Tippen Sie auf Fertig, um Ihre Änderungen zu speichern, oder auf Abbrechen, um Ihre Änderung zu verwerfen.

Filtereffekte anwenden

- Tippen Sie hier, um die Foto-Applikation zu starten.

- Tippen Sie auf ein Foto oder eine Video-Miniaturansicht, um das Foto zu öffnen, das Sie bearbeiten möchten.

- Tippen Sie auf Bearbeiten und anschließend auf die Filtertaste (drei Zyklen im Dreiecksformat), um einen der gewünschten Filter anzuwenden.

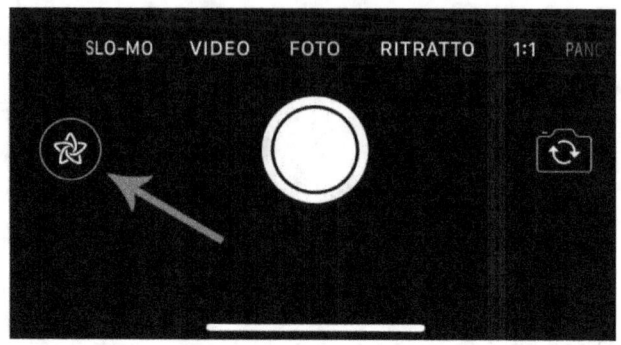

Bild 45: Auswählen von Optionen in der Kamera-Applikation

- Tippen Sie hier, um einen Filter auszuwählen, und verwenden Sie den Schieberegler, um die Wirkung des Filters einzustellen.

- Tippen Sie auf das Foto, um zwischen dem Originalfoto und dem bearbeiteten Foto zu wechseln und die bisherigen Unterschiede zu überwachen.

- Tippen Sie auf Fertig, wenn Sie mit dem Ergebnis zufrieden sind, und auf Abbrechen, um die Änderungen zu verwerfen.

Markierung eines Fotos

- Tippen Sie auf die Foto-App, um sie zu öffnen.
- Tippen Sie auf ein Foto, auf das Sie Anmerkungen setzen möchten.
- Tippen Sie auf Bearbeiten und tippen Sie auf die drei Punkte oben.
- Markierung auswählen.

67

- Verwenden Sie die verschiedenen verfügbaren Zeichenwerkzeuge und Farben, um das Foto zu beschriften.

- Tippen Sie auf das Pluszeichen, um weitere Formen und Text hinzuzufügen. ⊕

Ein Video zuschneiden

Wenn Sie ein Video über Nachrichten oder Mail senden möchten, aber feststellen, dass es zu lang ist, um es auf einmal zu senden, möchten Sie vielleicht stattdessen nur einige Teile des Videos senden. Dazu können Sie die Videozeitmessung mit der Beschnittfunktion starten und stoppen, um das Video kürzer als das Original zu machen, ohne iMovie zu verwenden.

- Tippen Sie auf die Foto-App, um sie zu öffnen.

- Tippen Sie auf die Video-Miniaturansicht des Videos, das Sie bearbeiten möchten.

- Tippen Sie auf Bearbeiten und ziehen Sie beide Enden des Bildbetrachters.

- Lassen Sie los, wenn Sie mit der Anpassung zufrieden sind.

- Tippen Sie auf Fertig, um Änderungen zu übernehmen, oder auf Abbrechen, um sie zu verwerfen.

Zurücksetzen auf ein Originalfoto oder Video

Auch nach der Bearbeitung und Speicherung der Änderungen in einem Foto können Sie mit diesen einfachen Schritten zum Originalbild zurückkehren.

- Tippen Sie auf die App des Fotos, um sie zu starten.
- Tippen Sie auf die Miniaturansicht von Foto oder Video, um das bearbeitete Foto zu öffnen.
- Tippen Sie auf Bearbeiten und anschließend auf Zurücksetzen.
- Wählen Sie Zurücksetzen auf Original

Das Seitenverhältnis ändern

Im Gegensatz zu früheren Versionen des iPhones, bei denen der Benutzer zwischen dem Seitenverhältnis 4:3 (Rechteck) oder dem Seitenverhältnis 1:1 (Quadrat) wählen konnte, gruppiert das iPhone 11 Pro die Verhältniseinstellungen in einen einzigen Modus, der auch das neue Seitenverhältnis 16:9 beinhaltet. Um das Seitenverhältnis zu ändern, können Sie die folgenden Schritte ausführen.

- Starten Sie die Kamera-Applikation

- Schieben Sie den Bildschirm nach oben, um mehr von den Kameraeinstellungen zu sehen.

- Tippen Sie auf die Schaltfläche Seitenverhältnis (normalerweise 4:3 standardmäßig).

- Wählen Sie eine der verfügbaren Optionen aus, um das neue Seitenverhältnis zu erhalten.

Aufnahmen mit dem Ultra-Weitwinkelobjektiv

- Mit dem iPhone Ultra-Weitwinkelobjektiv ist es einfach, Aufnahmen zu machen.

- Tippen Sie hier, um die Kamera-Applikation zu öffnen.

- Tippen Sie auf die Taste 1x, um auf das 0,5x Ultraweitwinkelobjektiv umzuschalten.

- Sie können jetzt Ihr Foto aufnehmen.

Kapitel 5

CR&)CR&)CR&)

Zusätzliche Bedienelemente in der Kamera-Applikation

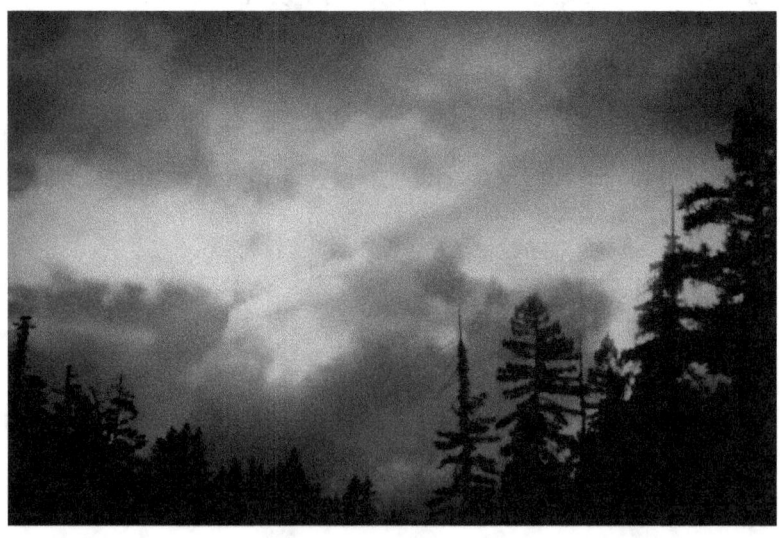

Die iPhone 11 Pro Kamera kommt mit vielen anderen versteckten Bedienelementen und Einstellungen, die ein Benutzer manipulieren kann. Wann immer Sie einen dreieckigen Pfeil sehen, der nach oben zeigt, können Sie ihn im Sucher nach oben ziehen, um einen neuen Satz von Bedienelementen freizulegen. Andere Steuerungen wie Optionen für Blitz, Nachtmodus, Live-Fotos und einige andere sind innerhalb dieser zusätzlichen Funktionen möglich.

Einen Selfie aufnehmen

Das iPhone 11 Pro wird mit einer 12-Megapixel-Frontkamera geliefert, obwohl es nicht immer die vollen 12 Megapixel für jedes Selfie nutzt. Wenn Sie das iPhone 11 Pro vertikal halten, kann der Bildsensor zoomen und ein 7-Megapixel-Selfie aufnehmen, während das Antippen der Erweiterungstaste dazu führen kann, dass das Telefon beim Fotografieren herauszoomt und die volle 12-Megapixel-Kamera verwendet.

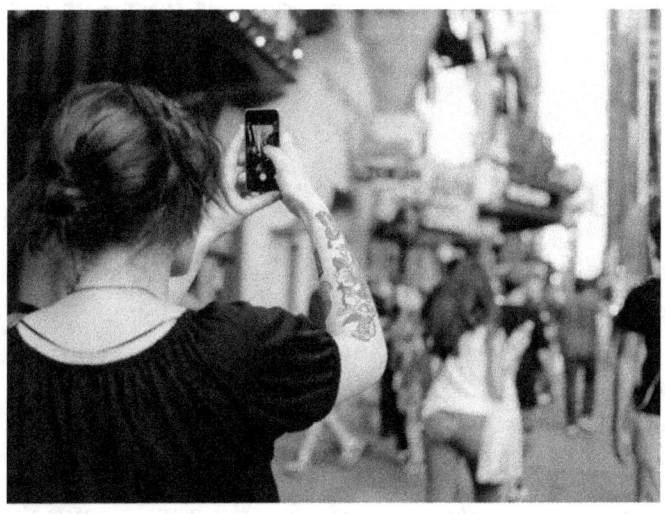

Bild 46: Keine stumpfen Momente mit dem Selfie

Wenn das iPhone 11 Pro jedoch horizontal für ein Selfie oder Slofie gedreht wird, zoomt die Kamera automatisch für das 12-Megapixel Selfie heraus, wahrscheinlich weil sie annimmt, dass eine solche Position normalerweise eingenommen wird, wenn es viele Personen gibt, die sich in die Aufnahme integrieren oder eine viel größere Szene aufnehmen. Sie haben auch die Möglichkeit, hineinzuzoomen, um stattdessen eine 7-Megapixel-Aufnahme zu erhalten.

- Um ein Selfie aufzunehmen, können Sie die nach vorne gerichtete Kamera im Fotomodus verwenden.
- Tippen Sie auf die perspektivische Flip-Taste, um die nach vorne gerichtete Kamera zu aktivieren.
- Halten Sie das Telefon so, dass es vorne liegt.
- Tippen Sie auf die Pfeile innerhalb des Rahmens, um das Sichtfeld zu vergrößern und mehr Objekte innerhalb des Rahmens aufzunehmen.
- Tippen Sie auf den Auslöser, um die Aufnahme zu machen. Sie können die Lautstärketaste auch für die Aufnahme des Fotos verwenden.

Einen Slofie aufnehmen

Die TrueDepth-Kamera der iPhone 11 Pro Frontkamera ermöglicht es ihr, 120 fps Slo-Mo-Videos aufzunehmen, was eine neue Funktion eröffnet, die Apple als "Slofies" bezeichnet. Slofies sind Zeitlupen, ähnlich den Slo-Mo-Videos, die von der nach hinten gerichteten Kamera in früheren iPhones verfügbar sind, nur dass auf dem iPhone 11 Pro von den nach vorne gerichteten Kameras kommt.

Um einen Slofie zu machen, können Sie die nach vorne gerichtete Kamera im Fotomodus verwenden;

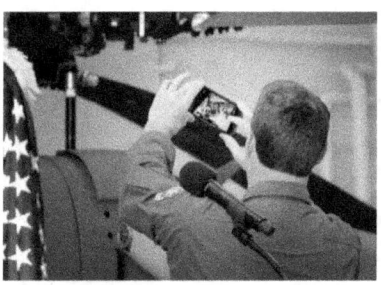

Bild 47: Erfassen Sie großartige Momente mit den iPhone Slo-Mo Slofie Funktionen

- Tippen Sie auf die perspektivische Flip-Taste, um die nach vorne gerichtete Kamera zu aktivieren.
- Halten Sie das Telefon so, dass es vorne liegt.
- Tippen Sie auf die Pfeile innerhalb des Rahmens, um das Sichtfeld zu vergrößern und mehr Objekte innerhalb des Rahmens aufzunehmen.
- Schieben Sie das sichtbare Zifferblatt nach rechts, bis Sie die Slo-mo-Funktion erreichen.
- Drücken Sie den Auslöser, um die Slofie aufzunehmen.

Zwischen Nah- und Weitwinkelauswahl wechseln

- Tippen Sie auf die Kamera-App, um sie zu öffnen.
- Tippen Sie auf die perspektivische Flip-Taste auf dem Bildschirm, um zwischen der nach vorne gerichteten und der Rückfahrkamera umzuschalten.
- Um manuell zwischen Nah- und Weitwinkelselektion zu wechseln, tippen Sie auf die Pfeiltaste.
- Um automatisch zwischen Nah- und Weitwinkelselektion zu wechseln, können Sie das iPhone auf eine Seite des Telefons drehen.

Nutzung des Nachtmodus

Smartphones leiden typischerweise unter dem Versuch, unter schlecht beleuchteten Umständen zu fotografieren, weshalb die computergestützte Fotografie zur Rettung kommt.

Google entwickelte eine eigene Lösung und nannte sie Google's Nachtsicht, ähnlich dem, was Apple auf seiner 2019er Version von iPhones einschließlich des iPhone 11 Pro als Nachtmodus bezeichnet hat. Apples eigene Lösung für den Low-Light-Fotomodus kombiniert eine Mischung aus Hardware und Software, um die Fotos des Telefons bei Dunkelheit deutlich zu verbessern.

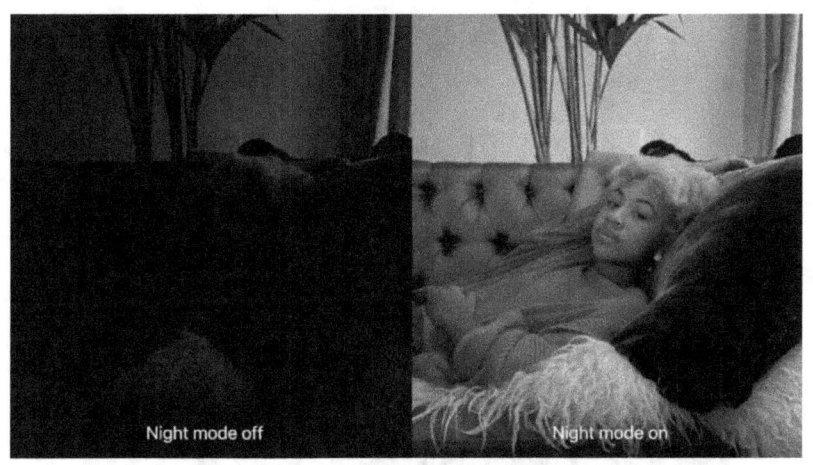

Bild 48: Bilder mit und ohne Nachtmodus

Apple nutzt das rechnergestützte maschinelle Lernen im Nachtmodus, indem es mehrere Aufnahmen mit unterschiedlichen Formaten macht, die dann intelligent zu sichtbaren Bildern verschmolzen werden, unabhängig davon, wie dunkel es ist.

Der Nachtmodus ist äußerst nützlich, um Bilder bei schlechten Lichtverhältnissen aufzunehmen und Bilder mit unglaublichen Details und Farben zu erzeugen. Apple hat die Nutzung seines Nachtmodus so konzipiert, dass er selbstständig ausgelöst wird, sobald das iPhone feststellt, dass das verfügbare Licht nicht ausreicht. Im Nachtmodus erscheint neben der Pfeiltaste ein gelbes Halbmond-Symbol, das anzeigt, dass der Nachtmodus aktiv ist. Der Nachtmodus ermöglicht es Ihnen, Fotos bei schlechten Lichtverhältnissen aufzunehmen, ohne dass Sie den Blitz verwenden müssen.

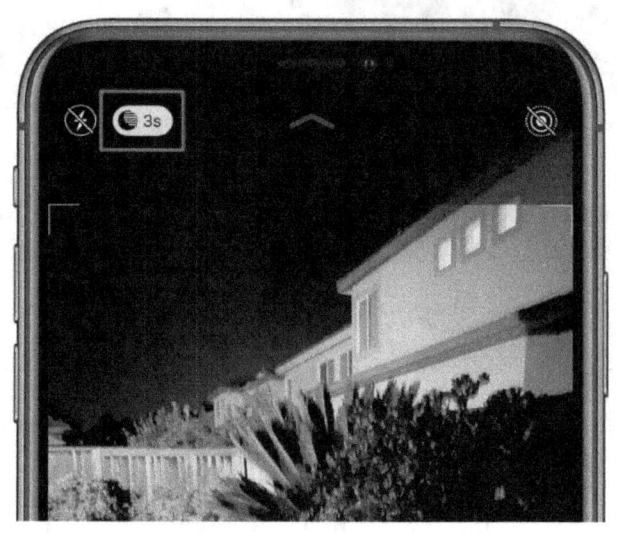

Bild 49: Nachtmodus-Funktion aktiviert

Das gelbe Symbol zeigt die Anzahl der Sekunden wie 1 Sekunde, 3 Sekunden usw. an, die die Kamera benötigt, um die Szene von Anfang bis Ende aufzunehmen. Die Anzahl der angezeigten Sekunden wird verwendet, um festzulegen, wie lange der Auslöser gedrückt werden muss, um die Nachtaufnahme aufzunehmen. Auch diese Zeit kann eingestellt werden. Wenn Sie Ihr Foto zu hoch einstellen, laufen Sie Gefahr, dass es unter

Überbelichtung leidet, während eine zu niedrige Einstellung zu einem dunklen Foto führt.

Sie haben die Möglichkeit, den Nachtmodus auch zu deaktivieren, indem Sie auf das Nachtmodus-Symbol tippen, indem Sie den Schieber neben dem Auslöser bewegen. Für Szenen, die nicht hell beleuchtet sind, wird die Option Nachtmodus aktiviert, obwohl sie noch nicht aktiviert ist. Sie erkennen, dass es nicht aktiviert ist, wenn das gelbe Symbol nicht hervorgehoben ist. In solchen Situationen müssen Sie manuell darauf tippen, um es zu aktivieren, wenn Sie denken, dass das Foto von der Nachtmodusfunktion profitieren wird. Nach dem Einschalten wird das weiße Nachtmodussymbol gelb.

Der Nachtmodus fügt dem endgültigen Bild weitere Details hinzu, nachdem die Aufnahmen in solchen schlechten Beleuchtungssituationen aufgehellt wurden.

Der Nachtmodus erfordert, dass sich irgendeine Form von Licht von einer Lampe, Glühbirne oder Straßenleuchte in der Szene befindet, in der das Foto aufgenommen werden soll. Die Belichtungszeit kann auf Automatisch oder mit dem Schieberegler unten eingestellt werden. Um die Belichtungszeit zu erhöhen oder zu verkürzen, ziehen Sie einfach den Schieberegler entsprechend.

Wenn der Auslöser gedrückt wird, um eine Aufnahme zu machen, beginnt der gelbe Schieberegler, den Zeitschalter bis zum Ende der Aufnahme herunterzählen, Sie müssen nur sicherstellen, dass Sie entweder mit dem 1x Weitwinkelobjektiv oder dem 2x Teleobjektiv fotografieren, damit der Nachtmodus funktioniert, da der Nachtmodus mit dem 0,5x Ultraweitwinkelobjektiv nicht funktioniert. Der Nachtmodus des iPhone 11 Pro ist eine der wichtigsten Kameraeinstellungen auf dem iPhone 11 und iPhone 11 Pro.

- Tippen Sie auf Kamera auf dem Handy, um es zu starten.

- Die Kamera-App kann schlecht beleuchtete Bedingungen automatisch erkennen und in den Nachtmodus wechseln. Sie können den Nachtmodus auch manuell einschalten, indem Sie auf die Taste Nachtmodus tippen.

- Ein Schieberegler, der die automatisch empfohlene Zeit anzeigt, wird unter dem Rahmen angezeigt. Verwenden Sie den Schieberegler, um die Belichtungszeit manuell zu erhöhen oder zu verringern.

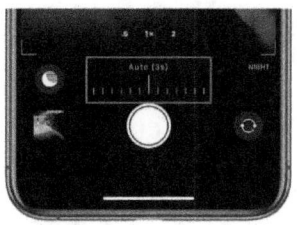

Bild 50: Einstellen der Belichtungsdauer für die Aufnahme von Nachtbildern im Nachtmodus

- Tippen Sie auf den Auslöser, um den Aufnahmeprozess zu starten.

- Halten Sie die Kamera sehr ruhig, während der Timer auf Null herunterzählt, während er eine Reihe von Bildern macht, die er kombiniert, um die endgültige Ausgabe zu erzeugen.

Für die beste Leistung, wenn Sie ein Bild im Nachtmodus mit langer Belichtungszeit von bis zu 30 Sekunden aufnehmen möchten, ist ein Stativ die beste Wahl. Das Gyroskop erkennt in solchen Situationen, ob das Telefon absolut ruhig ist, so dass es auf die lange Belichtungszeit herunterzählen kann.

Ein Live-Foto aufnehmen

Ein Live-Foto wird verwendet, um festzuhalten, was kurz zuvor passiert ist und was unmittelbar nach der Aufnahme geschieht. Es ist eine Funktion, die es Ihnen ermöglicht, eine 3-Sekunden-Bewegungsbildaufnahme mit dem umgebenden Audio aufzunehmen.

Ein Live-Foto nimmt 1,5 Sekunden vor und 1,5 Sekunden nach dem Drücken des Auslösers auf, daher ist es wichtig, dass die Kamera einige Augenblicke vor und nach dem Antippen des Auslösers stillsteht.

Es ist normalerweise ideal für Situationen, in denen ein Video ein Übermaß sein kann und ein Standbild nicht ausreicht. Es ist sehr nützlich, um ein Bild mit nur wenigen Sekunden Bewegung und Ton zum Leben zu erwecken.

Bevor Sie ein Live-Foto aufnehmen, ist es wichtig, dass Sie immer sicherstellen, dass das Live-Foto-Symbol oben rechts auf dem Bildschirm eingeschaltet ist.

Um die Vorteile des Live-Fotos zu nutzen, führen Sie die folgenden Schritte aus.

- Tippen Sie auf die Kamera-App, um sie zu starten.
- Tippen Sie auf die Schaltfläche Live-Fotos, um sie aus- oder einzuschalten.
- Tippen Sie auf den Auslöser, um die Aufnahme zu machen.

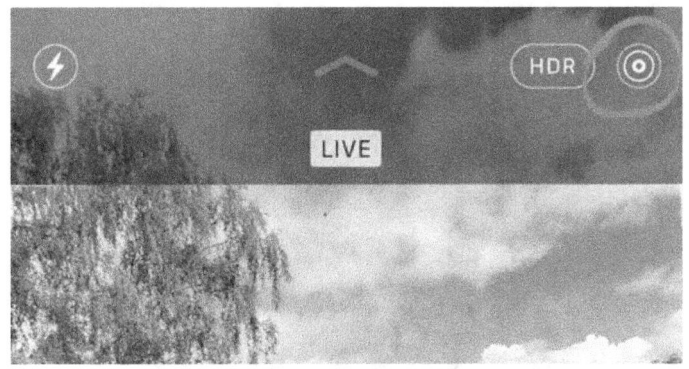

Bild 51: Live-Foto-Taste

Ein Live-Foto ansehen

Nachdem Sie ein Live-Foto aufgenommen haben, können Sie das Foto ansehen, um das Ergebnis Ihrer Aktion zu sehen, der beste Weg, dies zu erreichen, ist, das Live-Foto anzusehen.

So zeigen Sie das Live-Foto an

- Tippen Sie auf die Foto-App, um sie zu öffnen.
- Tippen Sie auf das Bild aus der Galerie dessen, was Sie öffnen möchten.
- Halten Sie den Finger auf das Bild, um das Live-Foto abzuspielen.

Benutzerdefinierte Effekte eines Live-Fotos anzeigen

Um andere Effekte auf dem Live-Foto zu sehen, können Sie das geöffnete Live-Foto nach oben ziehen und vier weitere Effekte werden angezeigt.

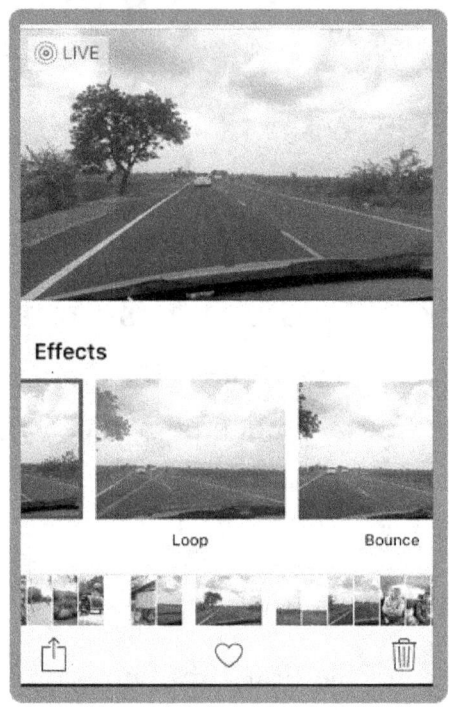

Bild 52: Effekte mit Live-Foto erstellen

Sie können alle anderen verborgenen sehen, indem Sie über die Effekte scrollen.

Arten von Live-Foto-Effekten

Dies ist das standardmäßige Live-Foto, das zur Wiedergabe eines 3-Sekunden Life Photo-Videoclips verwendet wird.

Schleife

Schleife wird ein kontinuierliches Live-Video-Loop Foto abgespielen.

Bounce

Bounce spielt ein Live-Foto in Vorwärtsrichtung und dann in Rückwärtsrichtung ab. Dies geschieht kontinuierlich.

Langzeitbelichtung

Dies kann verwendet werden, um ein Standbild mit einem Slow-Shutter-Effekt zu erstellen. Es ist auch in der Lage, jede Bewegung in der Szene zu verwischen, was es zu einer sehr einfachen Möglichkeit macht, erstaunliche Fotos von einer langen Belichtung wie Flüssen oder Swimmingpools zu erstellen.

Bearbeiten von Live-Fotos

- Tippen Sie auf die Foto-App, um sie zu öffnen.
- Sie können Live-Fotos mit der Aufschrift "Live" irgendwo um die Ecke identifizieren.
- Weiter zur Bearbeitung der Live-Fotos

Ein Panoramafoto aufnehmen

Der Pano-Modus ist nützlich, wenn Sie Landschaften oder andere Aufnahmen machen, die nicht so einfach in Ihren Kamerabildschirm passen. Um den Pano-Modus zu verwenden, führen Sie die folgenden Schritte aus.

- Tippen Sie hier, um die Kamera-Applikation zu öffnen.
- Wählen Sie den Pano-Modus aus
- Tippen Sie auf den Auslöser.
- Schwenken Sie schrittweise in Pfeilrichtung und achten Sie darauf, dass er sich auf der Mittellinie befindet.
- Tippen Sie erneut auf den Auslöser, um den Vorgang abzuschließen.
- Um in die andere Richtung zu schwenken, verwenden Sie den Pfeil.
- Um vertikal zu schwenken, können Sie das iPhone in Querformat drehen.
- Um horizontal zu schwenken, können Sie das iPhone in eine Hochformat-Ausrichtung drehen.

Ein Foto mit einem Filter aufnehmen

Sie können auch Bilder aufnehmen, indem Sie Filter an der Stelle, an der Sie die Bilder aufnehmen, hinzufügen, indem Sie diesen Schritten folgen.

- Öffnen Sie die Kamera-Applikation
- Wählen Sie den Foto- oder Hochformatmodus aus.
- Tippen Sie auf den Pfeil, der nach oben zeigt.

- Tippen Sie auf die Filter-Schaltfläche

- Streichen Sie unter dem Betrachter die Filter von links nach rechts, um eine Vorschau der Effekte zu erhalten.

- Tippen Sie auf einen von ihnen, um ihn auszuwählen.Any filter added when taking the picture can be changed or removed with the Photos app

Aufnehmen eines Zeitlupenvideos

Slo-mo-Videos zeichnen genauso auf wie normale Videos und zeigen die Slo-mo-Effekte, wenn sie wiedergegeben werden. Die Videos können auch so bearbeitet werden, dass die slo-mo-Aktionen jederzeit gestartet oder gestoppt werden können.

- Öffnen Sie die Kamera-Applikation

- Wählen Sie den Slo-mo-Modus aus den Optionen aus.

- Tippen Sie auf die Schaltfläche Aufnahme oder verwenden Sie die Lautstärketaste, um die Aufnahme auch zu starten und zu stoppen.

- Sie können während der Aufnahme noch ein Foto aufnehmen, indem Sie den Auslöser drücken.

- Sie können auch einen Teil des Videos so einstellen, dass er in Zeitlupe wiedergegeben wird, während andere Teile mit normaler Geschwindigkeit wiedergegeben werden können, indem Sie auf die Video-Miniaturansicht des jeweiligen Videos tippen.

- Tippen Sie dann bei der Definition des Ausschnitts auf Bearbeiten und schieben Sie die vertikalen Balken unter den Rahmenbetrachter, damit die Zeitlupenwiedergabe erfolgt.

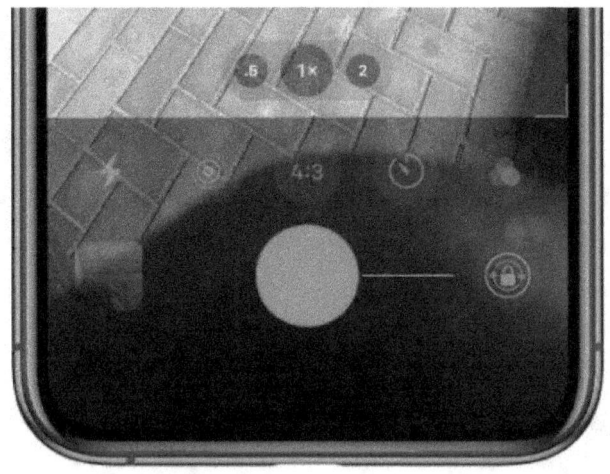

Bild 53: Slo-Mo-Aufnahme von Fotos

Kamerafokus einstellen

Die allgemeine Regel bei Aufnahmen mit dem iPhone 11 Pro und anderen Geräten ist es, den Verschluss zu halten oder auf das Motiv zu tippen, auf das Sie fokussieren möchten, während Sie auf eine weiße Box warten, die das Motiv umschließt. Wenn Sie den Bildschirm immer noch halten, warten Sie, bis das weiße Quadrat gelb wird, was anzeigt, dass die Kamera ihren Fokus gesperrt hat, und können dann das Bild aufnehmen.

Es kann manchmal eine Weile dauern, bis man sich endlich auf das Motiv konzentrieren kann, aber die Qualität der Bilder wird den Aufwand mehr als ausgleichen.

Manuelle Einstellung des Kamerafokus

Das iPhone 11 Pro ist in der Lage, den Fokus seiner Kamera automatisch anzupassen, wenn Sie versuchen, ein Bild aufzunehmen, um scharfe Bilder zu erzeugen. Es gibt jedoch diejenigen, die mehr Kontrolle darüber ausüben wollen, welchen Teil der Szene sie scharf stellen wollen, anstatt sich auf das zu verlassen, was die Kamera als Fokusbereich wählt.

Um den Fokus Ihrer Kamera manuell auf einen Szenenabschnitt zu setzen, tippen Sie einfach auf den Bildschirm, auf dem Sie Ihren Fokus einstellen möchten, während Sie auf eine weiße Box warten, die das Motiv umschließt. Wenn Sie den Bildschirm immer noch halten, warten Sie, bis das weiße Quadrat gelb wird, was anzeigt, dass die Kamera ihren Fokus verriegelt hat, und dann können Sie das Bild aufnehmen, indem Sie auf den Auslöser tippen.

Wenn die Fotos, die Sie mit dem an der gleichen Stelle eingestellten Fokus aufnehmen möchten, viele sind, können Sie wählen, ob der Fokus gesperrt werden soll. Dazu müssen Sie auf den Bildschirm tippen und halten, wo der Fokus eingestellt werden soll, bis Sie die AE/AF-Sperre oben auf dem Bildschirm sehen, woraufhin Sie Ihren Finger loslassen.

Wenn der Fokus gesperrt ist, können dann beliebig viele Fotos aufgenommen werden, ohne dass der Fokuspunkt geändert werden muss. Wenn Sie den gesperrten Fokus deaktivieren möchten, tippen Sie einfach auf eine beliebige Stelle auf dem Bildschirm und die AE/AF wird deaktiviert.

Die manuelle Einstellung des Kameraschwerpunktes ermöglicht es dem Benutzer, mehr Kontrolle darüber zu haben, welche Teile eines Bildes klar und scharf gegenüber den anderen erscheinen können. Bei richtiger Anwendung ist dies ein einfacher iPhone Kamera-Trick, der Sie in einen iPhone Foto-Profi verwandeln kann.

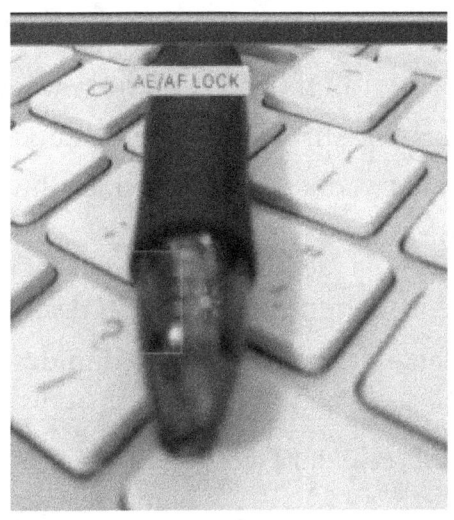

Bild 54: Sperren des Kamerafokus

Wie man die Kamerabelichtung anpasst

Eine weitere erstaunliche Funktion, mit der die iPhone 11 Pro Kamera kommt, ist die Fähigkeit der Kamera, Fotos zu korrigieren, die zu dunkel oder zu hell erscheinen. Wenn Sie eine ausgewogene Belichtung haben, die keine sehr hellen oder dunklen Bereiche aufweist, die das Bild zu hell oder zu dunkel machen können, kann das Bild seine Details und Farben behalten.

Um diese Funktion auf dem iPhone nutzen zu können, müssen Sie versuchen, sich auf das Thema zu konzentrieren, wie in der Erklärung zur Fokussierung beschrieben. Wenn das weiße Quadrat auf dem Bildschirm erscheint, sehen Sie ein Sonnensymbol neben der weißen Linie. Sobald sich das weiße Feld in eine gelbe

Linie verwandelt, können Sie dann mit dem Finger den Schieberegler nach oben und unten bewegen, um die Belichtungsstärke an Ihre Wünsche anzupassen, indem Sie in Echtzeit überwachen, wie hell oder dunkel das Bild auf dem Bildschirm ist.

Für Situationen, in denen Sie möchten, dass das Foto ein Scherenschnittfoto ist, damit es ein dunkles oder völlig schwarzes Aussehen hat, muss die Belichtungsstärke stärker als normal reduziert werden.

Stellen Sie sich vor, Sie möchten ein Bild von einem Sonnenuntergangsfoto erstellen. Mit diesem einfachen, aber leistungsstarken Schieberegler übernehmen Sie die Kontrolle über die Belichtung Ihres Fotos und verbessern die Qualität Ihrer iPhone-Fotografie erheblich. Dies ist eine Funktion des iPhone 11 Pro, die nicht viele Menschen kennen, entweder wissen, wie man sie benutzt oder dass sie überhaupt existiert.

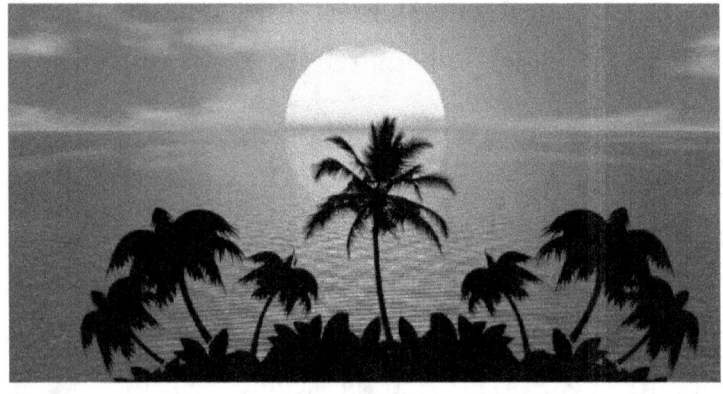

Wie man den Filter des iPhone einstellt

Um die Filterfunktion des iPhone 11 Pro zu nutzen, müssen Sie zuerst;

- Starten Sie die Kamera-Applikation
- Tippen Sie auf die Filtertaste ⚫ mit drei überlappenden Kreissymbolen in der rechten oberen Bildschirmecke
- Wählen Sie aus einer der verfügbaren Auswahlmöglichkeiten und beginnen Sie mit der Aufnahme Ihrer Fotos.

Wenn Ihnen nach der Aufnahme des Bildes mit einem vordefinierten Filter nicht gefällt, was Sie sehen, können Sie mit der Foto-App auf dem iPhone jederzeit die Voreinstellung des Filters ändern, den Sie auf Ihr Bild angewendet haben, ohne die Qualität des Bildes wesentlich zu beeinträchtigen.

Die Foto-App auf dem iPhone überlagert in diesem Fall den Filter nicht über den bereits vorhandenen, sondern ersetzt ihn, so dass Sie kein Foto mit übersättigten unnatürlichen Farben haben.

Wie man den Selbstauslöser verwendet

Tippen Sie auf das Timersymbol auf dem Bildschirm des iPhone 11 Pro. Wenn Sie darauf tippen, können Sie entweder die 3-Sekunden- oder die 10-Sekunden-Timer-Option wählen.

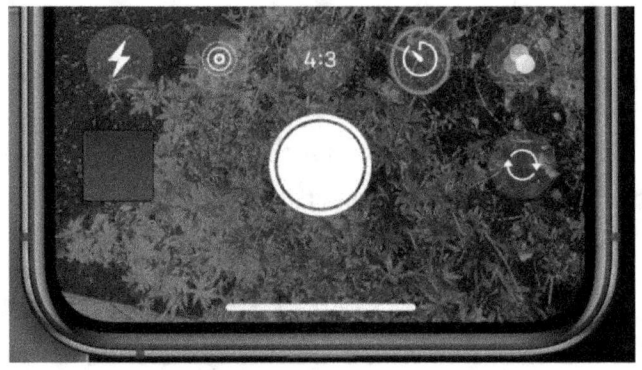

Bild 56: Selbstauslöser der Kamera einstellen

Die Timer-Option funktioniert am besten, wenn sie mit einem geeigneten Stativständer verwendet wird, so dass Sie Ihre Kamera in Position bringen können, ohne sich Gedanken darüber zu machen, dass sich die Kamera beim Aufnehmen des Bildes außer Fokus oder in eine andere Position bewegt.

Lustige Sachen kreieren

Das neue iPhone 11 Pro ermöglicht es Benutzern, mehrere personalisierte Memojis zu erstellen, mit denen sie ihre verschiedenen Stimmungen durch die Auswahl von Hautfarbe, Frisur, Gesichtsausdruck, Ohrringen,

Brillen und anderen personalisierten Nachahmungen darstellen können.

Diese Funktion ist möglich durch die Anwesenheit der Funktionen der iPhone 11 Pro TrueDepth-Kamera, die es ermöglicht, über 50 Muskelbewegungen des Gesichts einer Person zu analysieren, indem sie die Bewegung in Auge und Augenbraue, Lippen, Mund, Kiefer, Wangen und Kinn einer Person erfasst und aufzeichnet. Diese Gesichtszüge werden dann an die Animoji und Memoji Charaktere übermittelt, so dass sie Emotionen ausdrücken können, die der Art und Weise ähneln, wie man diese Arten von Emotionen und Ausdrücken darstellen würde. Die Animoji und Memojis können dann in Form von Nachrichten und FaceTime Apps mit anderen geteilt werden.

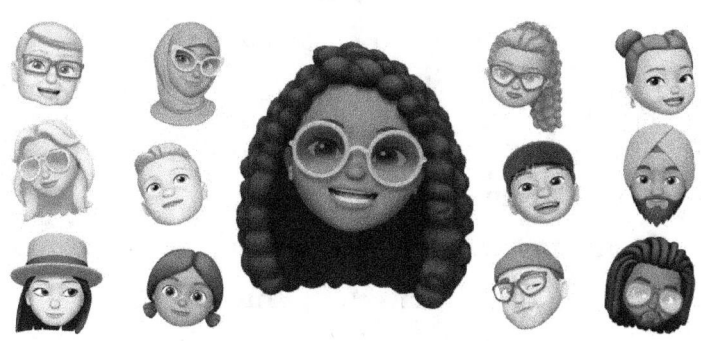

Bild 57: Viel Spaß mit deinem iPhone 11 Pro

Apple hat diese Animojis als Emoji-Charaktere wie Roboter, Katze, Hund, Außerirdischer, Huhn, Drache,

Geist, Fuchs und viele andere Emoji-Charaktere, aus denen ein Benutzer wählen kann.

Mit den Animoji und Memoji-Stickern von iPhone 11 Pro können Benutzer neben der Spiegelung ihrer Gesichtsausdrücke auch Aufzeichnungen ihrer Stimmen erstellen, die ihren Persönlichkeiten und Stimmungen entsprechen.

Wie man eigene Memoji erstellt

- Tippen Sie in einem Gespräch auf das Pluszeichen.

- Tippen Sie auf das Memoji-Symbol. 😀, nach rechts streichen und neues Memoji tippen

- Blättern Sie durch die verschiedenen Memojis und wählen Sie den gewünschten Charakter aus.

- Erwecken Sie Ihren Charakter zum Leben, indem Sie dem Memoji personalisierte Funktionen hinzufügen, die zu Ihrer Persönlichkeit passen.

- Wenn Sie mit dem Ergebnis zufrieden sind, tippen Sie auf Fertig, um das Memoji zur späteren Verwendung zu Ihrer Sammlung hinzuzufügen, oder auf Abbrechen, um Ihre Änderungen zu verwerfen.

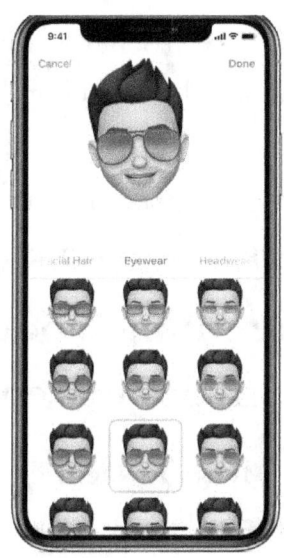

Bild 58: Zeit, mich selbst aus meinen Memoji zu erstellen

Ein Memoji bearbeiten, duplizieren oder löschen

Wenn Sie nicht mehr daran interessiert sind, ein Memoji zu behalten, können Sie entweder Änderungen vornehmen, um ein passenderes Bild von dem, was Sie wollen, zu erstellen, oder Sie können es bei Bedarf vollständig löschen. Führen Sie dazu die folgenden Schritte aus.

- Tippen Sie auf die Memoji-App und wählen Sie die drei Punkte in der rechten oberen Ecke aus.

- Wählen Sie Bearbeiten, um die Änderungen vorzunehmen, oder Löschen, um das Memoji aus den Sammlungen zu entfernen.
- Wählen Sie Fertig, wenn durch oder Abbrechen, um Änderungen zu verwerfen.

Animierte Animoji oder Memoji-Aufnahmen senden

Für Animoji und Memoji Nachrichten, die Ihre Stimme neben der Spiegelung der Ausdrücke auf Ihrem Gesicht verwenden, können Sie sie erstellen und in den folgenden Schritten versenden.

- Wenn Sie sich in einem Gespräch im Messenger befinden oder auf die Schaltfläche tippen, um eine Nachricht zu starten.
- Tippen Sie auf die Funktionstaste um Animoji oder Memoji auszuwählen, streichen Sie nach links und wählen Sie eine Figur aus.
- Tippen Sie auf die Aufnahmetaste, um die Aufnahme Ihrer Stimme und Ihres Gesichtsausdrucks zu starten.
- Um die Aufnahme zu stoppen, tippen Sie auf das rote Quadrat.

- Um Ihre Nachricht anzuzeigen, wählen und tippen Sie auf die Wiedergabetaste.

- Wenn Sie mit dem Ergebnis zufrieden sind, tippen Sie auf die Pfeiltaste, um die Nachricht zu senden, oder wählen Sie die Löschtaste, um die Nachricht zu verwerfen.

Eine weitere Möglichkeit ist es, ein Foto oder Video von sich selbst als Animoji oder Memoji aufzunehmen und vor dem Senden Sticker hinzuzufügen, die Sie dann in einem FaceTime-Gespräch verwenden können, wenn Sie Ihre wahre Identität verbergen möchten oder Spaß haben möchten.

Kamera-Applikationen von Drittanbietern

Wenn es um Fotografie geht, leistet die Kamera-App auf dem iPhone 11 Pro so gute Arbeit. Die Aufnahme von Bildern ist so einfach wie ein Knopfdruck, aber wenn Sie die Vorteile der Art von Kameras auf dem iPhone nutzen möchten, dann müssen Sie vielleicht ein paar Kameraanwendungen von Drittanbietern in Betracht ziehen.

Kamera+ 2

Eine beliebte Kamera-App für das iPhone muss Camera+2 sein. Es hat ein Gefühl der nativen Kamera-

App, aber es bietet eine ganz neue Welt der fotografischen Funktionen. Es bietet zusätzliche Funktionen wie die Möglichkeit, Rohaufnahmen zu machen, Gitterlinien neben Grundfunktionen wie Dauerblitz, 6-fach Digitalzoom und Timer. Es hat sogar einen Modus, der versucht, Lächeln von Personen und einen langsamen Verschluss bei langen Belichtungszeiten zu erkennen.

Obscura 2

Obscura 2 ist vor allem für seine saubere und einfache Benutzeroberfläche bekannt, im Gegensatz zu anderen Kameraanwendungen, die die Benutzer mit Funktionen belasten, die verwirrend sein können. Diese App wurde entwickelt, um minimal zu sein und Ihnen gleichzeitig zu helfen, viel bessere Fotos zu machen. Es hat ein paar Bedienelemente, mit denen Sie über Drehregler auf dem Bildschirm arbeiten können, um mehr als 19 eingebaute Filter zu steuern, die Sie bei der Aufnahme von Bildern verwenden können, und sogar Ihre Bilder weiter zu bearbeiten und Ihre Arbeit zu erleichtern.

Viele Fotografen halten es für eine nützliche App, die sie auf ihrem iPhone haben, besonders für diejenigen, die den Sprung in professionellere Funktionen wagen wollen. Die Kamera-App unterstützt auch RAW-Aufnahmen neben JPEG, Live-Foto und Apples Standard HEIC-

Format. Es gibt sogar Optionen für den Tiefenaufnahmemodus, Rasterüberlagerung, Blitzsteuerung und manuelle Steuerung für verschiedene Optimierungen, die Sie vielleicht vornehmen möchten.

VSCO

Diese Kamera-App kann auch als Fotobearbeitungs-App durchlaufen werden und ist dabei sehr gut. Mit VSCO können Sie RAW-Bilder aufnehmen und Funktionen wie Belichtung, Helligkeit und vieles mehr manuell steuern. Es verfügt über eine benutzerfreundliche Oberfläche zur Bearbeitung und Aufnahme von Bildern.

Neben den einfachen manuellen Bedienelementen gibt es viele andere erweiterte Funktionen, von denen viele ein Pro-Level-Abonnement erfordern können, um freizuschalten. Das VSCO zeichnet sich auch im Bereich der Filter aus, wo Sie einfach ein Preset auswählen können, um mit der Bearbeitung der Bilder zu beginnen.

Halide

Mit Halide können Sie den Fotoprozess manuell steuern. Sie können damit alles einstellen, von der Belichtung über den Fokus bis hin zur Verschlusszeit nach ISO und vielem mehr.

Obwohl es eine Benutzeroberfläche hat, die auf den ersten Blick einschüchternd sein kann, verfügt es jedoch über Ansichten für Histogramme, Tiefenpeaking, Überwachung der Telefonregistrierung und Tiefenschärfe. Wenn einer dieser Begriffe für Sie seltsam klingt, dann ist nichts zu befürchten, da Halide wahrscheinlich keine Funktion ist, die Sie stören wollen, da es in erster Linie für professionelle Fotografen entwickelt wurde, die eine bessere Kontrolle über den Bildaufnahmeprozess haben wollen, anstatt die Dinge den automatischen Einstellungen allein zu überlassen. Es wird von vielen iPhone-Nutzern als eine der besten Kamera-Applikationen für iOS-Geräte angesehen.

ProCamera

Wenn Sie eine beträchtliche Anzahl von Videos aufnehmen, dann sollte ProCamera eine App der Wahl für Sie sein. Obwohl es anderen Kameraanwendungen sehr ähnlich ist, bietet es eine detaillierte Steuerung, mit der Sie Dinge wie HDR, schlechtes Licht, Bildrate und Auflösung Ihrer Videos bearbeiten können.

Es hört damit nicht auf, es enthält auch einige erweiterte Einstellungen zur Steuerung von Funktionen wie Geotagging, Stabilisierung, Dateiformat und Fokussierung.

Kapitel 6

Konfigurieren anderer Kameraeinstellungen

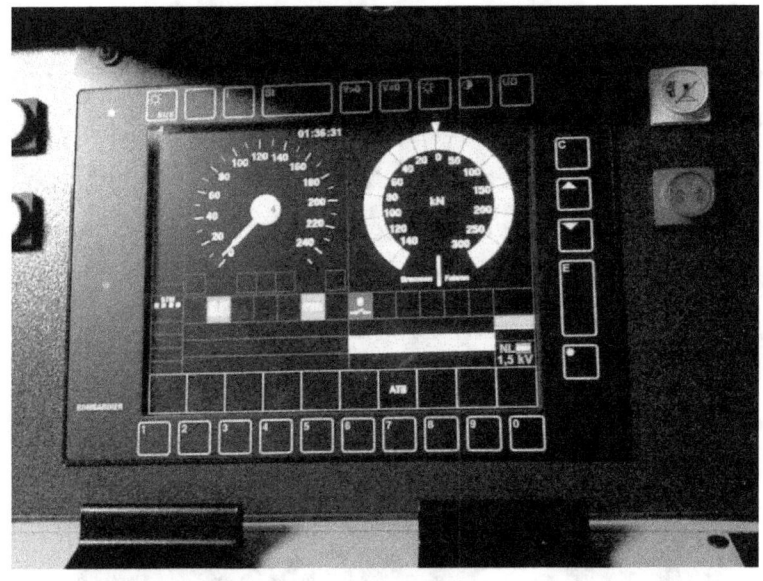

Wie Sie vielleicht bemerkt haben, von dem, was wir bisher abgedeckt haben, scheint die iPhone Kamera wirklich einfach zu bedienen zu sein, aber wie Sie bald herausfinden werden, gibt es ein paar andere Dinge, die an der Oberfläche einfach aussehen, aber ein gewisses Maß an tieferem Wissen erfordern.

Obwohl das iPhone 11 Pro mit Standardfunktionen ausgestattet ist, die einfach zu bedienen sind, gibt es eine Reihe anderer wichtiger Kameraeinstellungen, die normalerweise nicht sofort ersichtlich sind, außer dass Sie sich auf dem Handy zurechtfinden können.

Um auf viele dieser anderen Funktionen zuzugreifen, tippen Sie auf den Pfeil oben auf dem Bildschirm des Telefons, während sich das iPhone in einer vertikalen Position befindet, oder auf der linken Seite, wenn sich das Telefon in einer horizontalen Position befindet. Dadurch werden die verschiedenen versteckten Schaltflächen sichtbar, die dann wieder ausgeblendet werden können, wenn Sie erneut auf die Schaltfläche tippen, sobald Sie fertig sind. Eine weitere Möglichkeit, die Schaltflächen freizulegen, besteht darin, über den Sucher zu streichen.

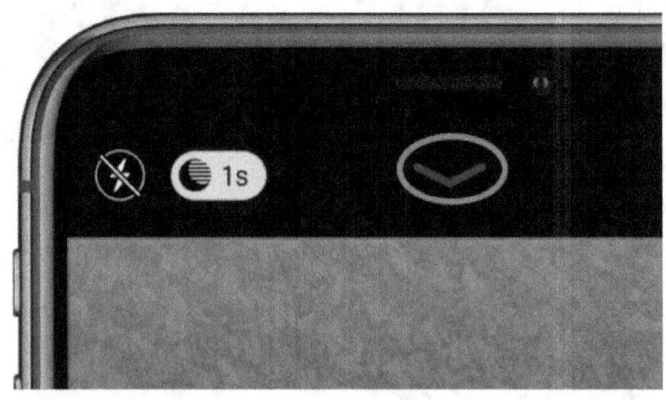

Bild 59: Weitere Funktionen der iPhone 11 Pro Kamera öffnen

Zugriff auf versteckte Kamerasteuerungen

Wenn Sie auf den Aufwärtspfeil oben auf dem Bildschirm des iPhone 11 Pro tippen oder einfach mit dem Sucher nach oben streichen, um auf weitere Bedienelemente zuzugreifen, erscheint eine Reihe von Symbolen direkt über dem Auslöser.

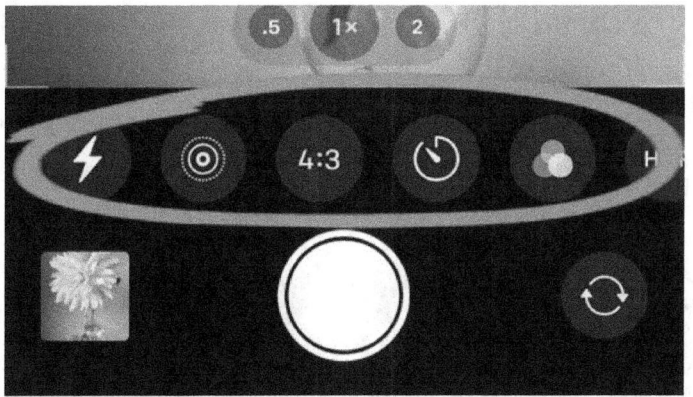

Bild 60: Verwendung der erweiterten Kamerasteuerung

Einige der Symbole, mit denen Sie bereits vertraut sein werden, andere mögen im Moment verwirrend erscheinen. Um sie von links nach rechts zu beschreiben, haben wir:

- Blitz
- Nachtmodus
- Live-Fotos
- Bildformat

- Timer
- Filter
- HDR

Diese Option bietet eine Alternative für den Zugriff auf den Nachtmodus, Live-Fotos und HDR, da wir bereits wissen, dass sie über die Symbole oben auf dem Bildschirm leicht zugänglich sind. Es ist normalerweise besser, die Blitzeinstellung ausgeschaltet zu lassen, außer wenn Sie das Gefühl haben, dass die Beleuchtung der Szene mit zusätzlichem Licht des Blitzes ergänzt werden muss. Sie können jedoch auf eine der Blitztasten tippen, um sie ein-, aus- oder automatisch einzuschalten.

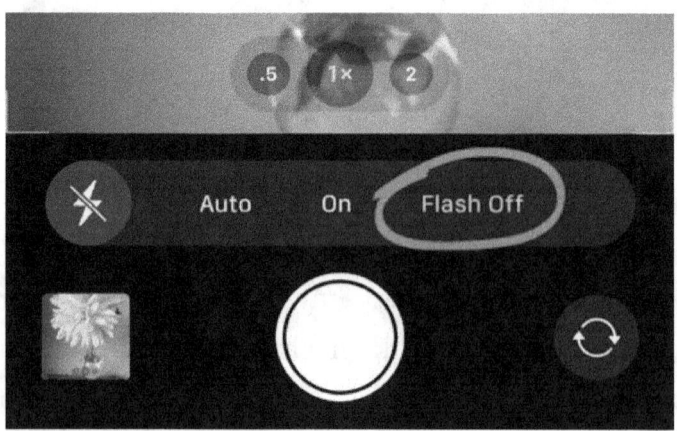

Bild 61: Einstellung des iPhone 11 Pro Blitzes

Bilder auf dem iPhone 11 Pro können in einem von drei Seitenverhältnissen aufgenommen werden, darunter Quadrat, 4:3 (das das Standardrechteck verwendet) oder das Verhältnis 16:9 (das die breite Spezifikation verwendet)

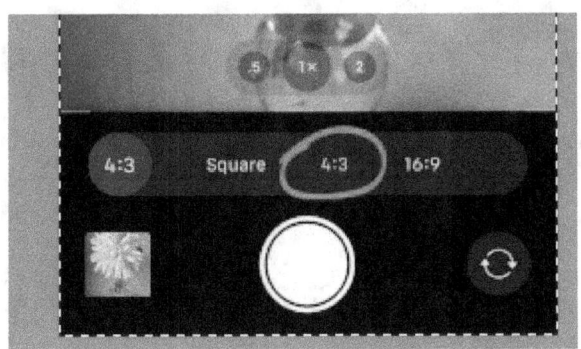

Bild 62: Bearbeiten des Seitenverhältnisses

Das Quadrat- und 16:9-Verhältnis neigen dazu, immer Teile von Bildern abzuschneiden, wenn ein Foto aufgenommen wird, weshalb es normalerweise besser ist, Fotos im vollen 4:3-Seitenverhältnis aufzunehmen. Auf diese Weise, wenn Sie das Bedürfnis verspüren, das Bild auf ein anderes Seitenverhältnis zuzuschneiden, können Sie das ganz einfach mit der iPhone 11 Pro's Foto-App oder einer anderen Fotobearbeitungs-App machen.

Das Timersymbol kann verwendet werden, um eine Verzögerungszeit von 3 Sekunden oder 10 Sekunden zwischen dem Drücken des Auslösers und der Aufnahme des Fotos einzustellen.

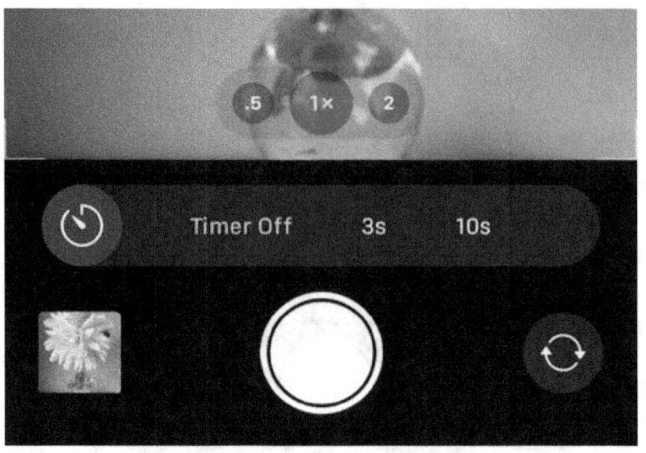

Bild 63: Einstellen des Kamera-Timers

Der iPhone Kamera-Timer ist sehr nützlich, wenn Sie ein Foto von sich selbst oder Gruppenaufnahmen machen möchten, in denen Sie dabei sein möchten. Ein Stativ kann auch für die Fotos verwendet werden, um sicherzustellen, dass die Kamera stabil bleibt, insbesondere bei Fotos, die lange Belichtungszeiten erfordern.

Das Symbol Filter ermöglicht Ihnen den Zugriff auf eine Vielzahl von voreingestellten Filtern, mit denen Sie verschiedene Ansichten Ihres Bildes ändern können.

Abhängig vom gewählten Filter haben einige von ihnen warme Farben, andere haben kühle Farben, während andere Schwarzweißfilter haben. Jeder dieser Filter kann einen einzigartigen Effekt auf die Bilder oder Fotos erzeugen, auf die sie angewendet werden.

107

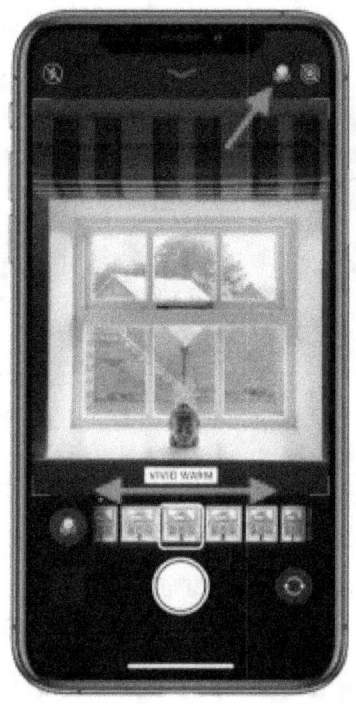

Bild 64: Filter anwenden

Fotos können diese Filter auch anwenden oder entfernen lassen, wenn Bilder in der Foto-App bearbeitet werden. Viele Leute finden, dass es einfacher ist, eine Szene ohne Filter aufzunehmen und den Filter später bei der Bildbearbeitung anzuwenden.

Wenn Sie Bilder aufnehmen, ohne Filter anzuwenden, ist es wichtig, dass der Filter auf das Original eingestellt ist.

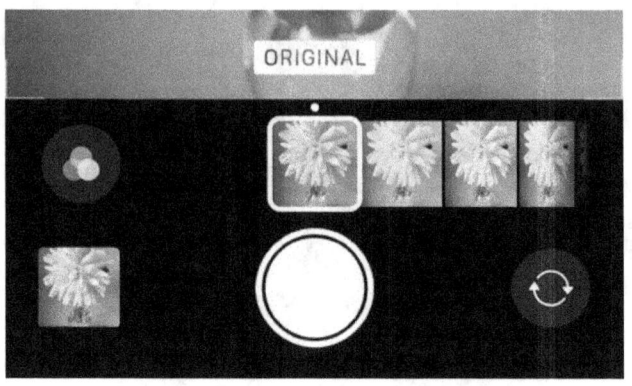

Bild 65: Verwendung des Standardfilters

Sobald Sie mit diesen versteckten Funktionen fertig sind, können Sie sich entscheiden, sie mit den Bedienelementen der Kamera am unteren Bildschirmrand wieder auszublenden. Sie können dann auf dem Sucher nach unten streichen oder auf den Abwärtspfeil oben auf dem Bildschirm tippen.

Verwendung der HDR-Funktion

Viele Leute finden es schwierig, Szenen mit hohem Kontrast zu drehen. Viele Digitalkameras, insbesondere Telefonkameras, haben Schwierigkeiten, Details in Bereichen aufzunehmen, die sehr dunkel und hell zugleich sind. Aber nicht so mit der Smart HDR-Funktion, mit der die iPhone 11 Pro Camera App ausgestattet ist. HDR ermöglicht es Benutzern, unglaubliche Details von Szenen sowohl im Schatten als auch in den Lichtern aufzunehmen.

Genau wie die Nachtmodusfunktion arbeitet der HDR, indem er mehrere Aufnahmen einer Szene macht, indem er bei jedem Drücken des Auslösers unterschiedliche Belichtungen verwendet. Um die endgültige Ausgabe zu erstellen, mischt die fortschrittliche iPhone-Software die Bilder zu einem einzigen, klaren und scharfen Bild mit tollen Farben und entsprechenden Details.

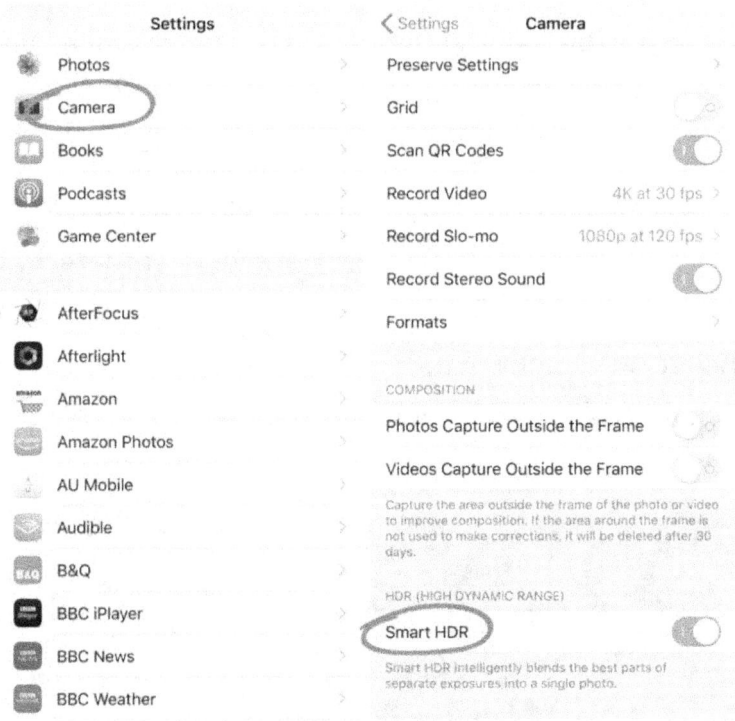

Bild 66: Smart HDR auf dem iPhone 11 Pro aktivieren

Um ein HDR-Foto auf dem iPhone 11 Pro aufzunehmen, müssen Sie zuerst die Funktion in der App iPhone 11 Pro Einstellungen aktivieren.

- Öffnen Sie die App Einstellungen
- Kamera auswählen
- Die Option Smart HDR zum unteren Bildschirmrand hin umschalten.

Es ist immer eine gute Vorgehensweise, den Smart HDR eingeschaltet zu lassen. Mit dem eingeschalteten Smart HDR ist das iPhone nun in der Lage, HDR-Fotos bei Bedarf automatisch aufzunehmen, so dass Sie sich nicht darum kümmern müssen, ob Sie den HDR bei der Aufnahme einer Szene verwenden müssen oder nicht.

Sie haben jedoch immer noch die Möglichkeit, den Smart HDR auszuschalten, wenn Sie eine bessere Kontrolle darüber ausüben möchten, wann der Smart HDR einschaltet oder nicht. Um zu wissen, ob Ihr Smart HDR eingeschaltet ist, wird Ihnen das HDR-Symbol oben in der Kamera-App angezeigt.

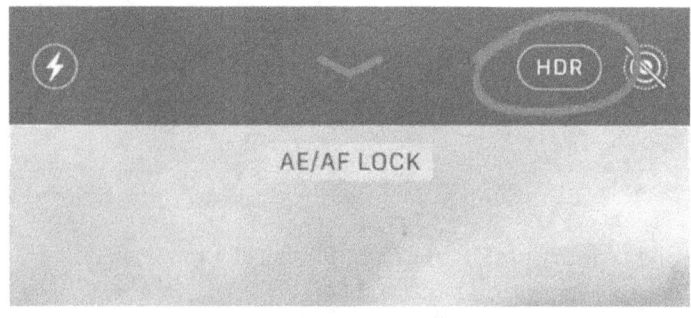

Bild 67: Smart HDR eingeschaltet

Das HDR-Symbol kann auch zum Umschalten des HDR Ein/Aus verwendet werden, was leicht durch eine Linie über dem Symbol zu unterscheiden ist, die anzeigt, dass der HDR ausgeschaltet ist.

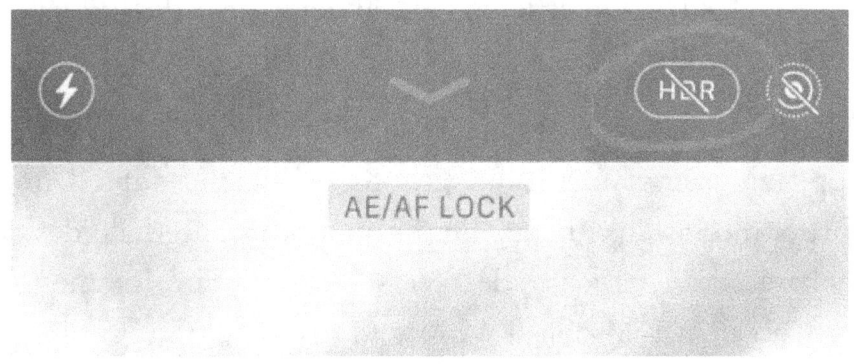

Bild 68: Smart HDR ausgeschaltet

Bilder, die mit dem auf dem iPhone 11 Pro aktivierten HDR aufgenommen wurden, haben in der Regel eine sehr gute Farbe und Detailtreue im Schatten sowie in den Hervorhebungen. Wenn der Smart HDR nicht eingeschaltet ist, können einige Bereiche eines Fotos zu hell sein, verglichen mit dem Smart HDR, der eingeschaltet war. Mit dem Smart HDR können viele Probleme im Zusammenhang mit der Belichtung bei der Aufnahme von kontrastreichen Szenen vermieden werden.

Unschärfe von Fotohintergründen im Hochformat-Modus

Wenn Sie sich jemals gefragt haben, wie Menschen Bilder von einem Motiv machen, während sie andere Aspekte der Fotos verschwimmen lassen, dann haben Sie dafür den Portraitmodus. Im Hochformat kann sich Ihr Bild auf Sie allein konzentrieren und andere Teile der Bilder entfernen, die als Ablenkung dienen können.

Um den Portraitmodus in der iPhone 11 Pro Camera App zu verwenden, tippen Sie einfach auf den Portraitmodus links neben dem Fotomodus unterhalb des Suchers und oberhalb des Verschlusses. Ein Rahmen wird auf dem Bildschirm um das Motiv herum angezeigt, das Sie fotografieren möchten. Sie müssen sicherstellen, dass Sie sich weder zu weit noch zu nah am Motiv befinden, da Sie sonst eine Bildschirmmeldung erhalten, die Sie auffordert, den Abstand zum Motiv einzustellen. Im Hochformat haben Sie auch die Möglichkeit, zwischen dem 2x Teleobjektiv und dem 1x Weitwinkelobjektiv zu wechseln, indem Sie einfach 1x oder 2x in der linken unteren Ecke des Bildschirms tippen.

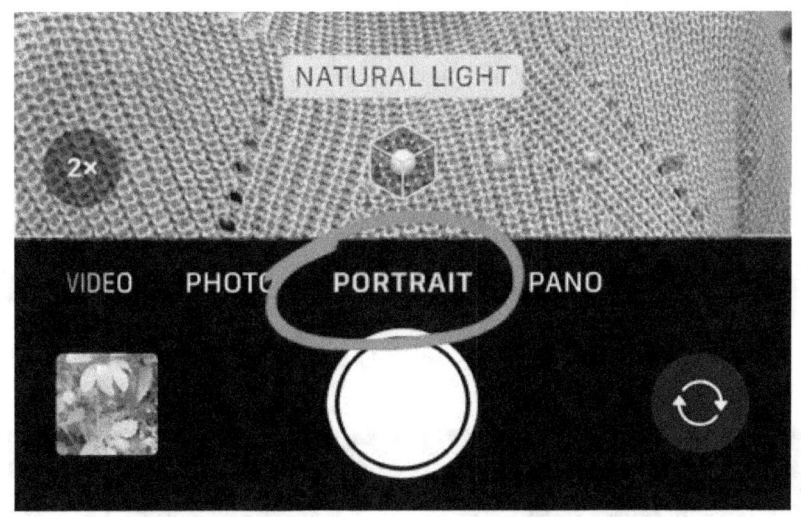

Bild 69: Portraitmodus auf dem iPhone 11 Pro

Der Porträtmodus ist eine erstaunliche Funktion, die bei der Aufnahme von erstaunlichen Porträts von Fotos von Personen verwendet werden kann, was dazu beiträgt, die Person in klarem Fokus zu halten und gleichzeitig den Hintergrund zu verwischen. Interessanterweise eignet sich der Hochformat-Modus auch für viele andere Objekte im Vordergrund, Blumen und Haustiere.

Um zu wissen, dass der Portraitmodus aktiv ist, erscheinen die Worte Natürliches Licht in Gelb auf dem Bildschirm, an dieser Stelle können Sie nun auf den Auslöser tippen, um Ihre Aufnahme zu machen.

Wenn Sie das Bild im Hochformat aufgenommen haben, können Sie nun die Stärke der Unschärfe des Hintergrunds anpassen und mit der Portraitbeleuchtung auch einige Effekte wie Studiolicht auf Ihr Bild anwenden, obwohl viele dieser Einstellungen nach der Aufnahme besser geeignet sind.

Porträtfotos anpassen

Um Ihre Bilder auf dem iPhone 11 Pro einschließlich Portraitfotos anzupassen, verwenden Sie die Foto-App auf dem iPhone.

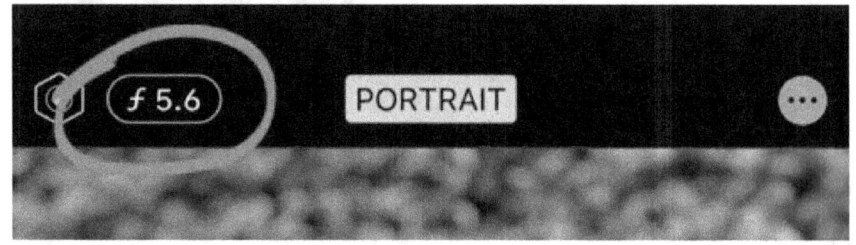

Bild 70: Einstellen der F-Nummer

- Tippen Sie auf das Bild, um es in der Foto-App zu öffnen.
- Tippen Sie auf Bearbeiten.
- Tippen Sie auf das f-Zahlen-Symbol in der oberen linken Ecke des Bildschirms, um die Stärke der Hintergrundunschärfe anzupassen.

Um die Stärke der Hintergrundunschärfe einzustellen, ziehen Sie den Schieberegler Tiefe im unteren Teil des Bildschirms, um den Blendenwert einzustellen. Ein niedrigerer Blendenwert lässt den Hintergrund der Szene verschwommener erscheinen, während ein hoher

Blendenwert ihn weniger verschwommen erscheinen
lässt.

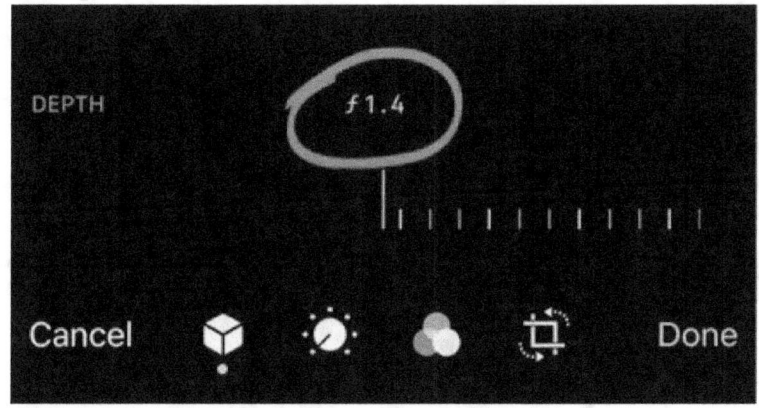

Bild 71: Einstellen der F-Nummer

Wenn Sie möchten, dass der Lichteffekt angepasst wird,
müssen Sie auf das Symbol Portraitbeleuchtung tippen,
das oben links die Form eines Sechsecks hat, und die
Symbole für Portraitbeleuchtung werden unterhalb des
Fotos angezeigt.

Sie können dann durch die verschiedenen Effekte
blättern, um den gewünschten Effekt aus den
verschiedenen Optionen auszuwählen, die unter anderem
Studiolicht, Konturlicht und Bühnenlicht beinhalten.

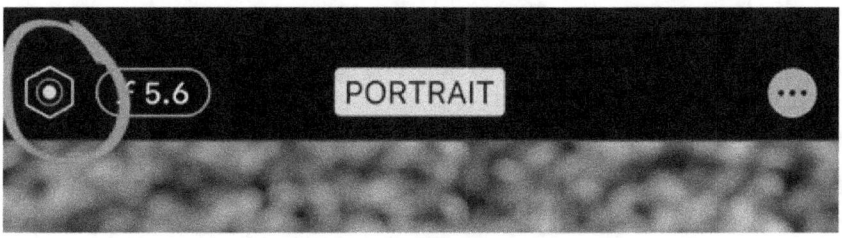

Sobald eine Option ausgewählt wurde, kann mit dem Schieberegler unter dem Bildschirm eingestellt werden, wie intensiv der Lichteffekt sein soll.

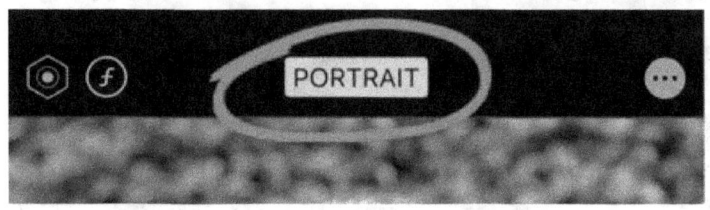

Bild 73: Portraitmodus aktiv

Der beste Weg, die Wirkung jedes einzelnen von ihnen zu sehen, ist, mit ihnen herumzuspielen.

Wie man den Weichzeichner nicht einbezieht

Wenn Sie sich dagegen entscheiden, dass der Hintergrund Ihres Fotos verschwommen ist, haben Sie die Möglichkeit, den Unschärfe-Effekt zu entfernen.

Um die Unschärfe zu entfernen;

- Tippen Sie oben auf Portrait, um den Portraitmodus zu deaktivieren.
- Um die Unschärfe wieder einzuschalten, tippen Sie erneut auf Portrait.

- Tippen Sie auf Fertig, um die Änderungen zu speichern, oder auf Abbrechen, um die Änderungen zu verwerfen.

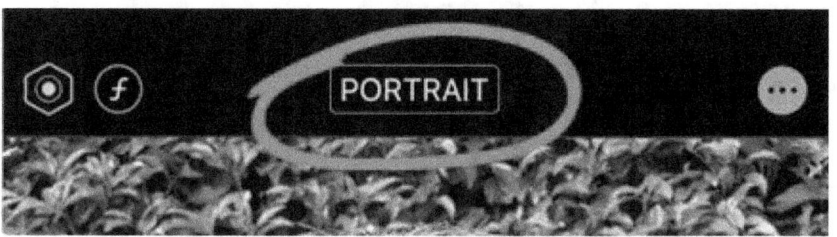

Bild 74: Portraitmodus Inaktiv

Sie können dann die Ausgabe Ihrer Portraitaufnahme ansehen, sobald Sie die erforderlichen Anpassungen an Ihrem Portraitfoto vorgenommen haben.

Schlussfolgerung

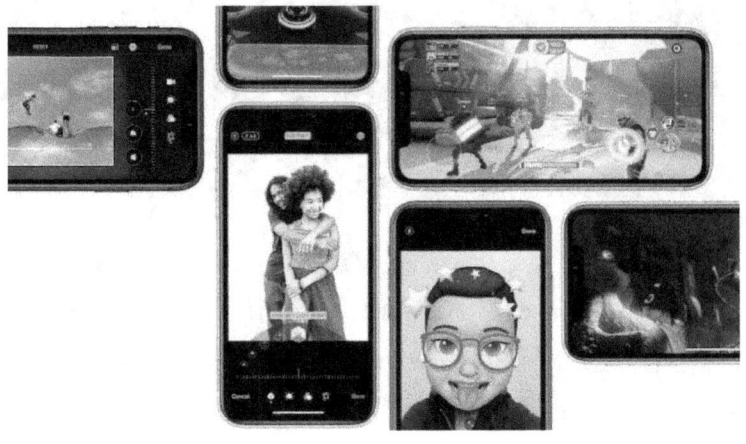

Das iPhone 11 Pro verfügt über viele neue Foto- und Videofunktionen, die das Fotografiererlebnis von iPhone-Nutzern und Sozialmedien-Fans verbessern sollen. Es gibt Bestimmungen für Anfänger, fortgeschrittene Fotografen und Videofilmer. Erstmals reagierte Apple auf die Nachfrage der Nutzer nach einer für den Nachtmodus optimierten Funktion, die für Einstellungen bei schlechten Lichtverhältnissen optimiert ist.

Die automatische Einstellung auf dem iPhone 11 Pro ist nun sehr gut geeignet, um Einstellungen wie Fokus, Belichtung, Verschlusszeit und ISO bei der Aufnahme von klaren, hellen und scharfen Bildern vorzunehmen. Der Portraitmodus des iPhone 11 Pro Weitwinkelobjektivs kann für die Arbeit mit Haustieren verwendet werden, und Sie können ganz einfach von der reinen Fotoaufnahme zu einem Video wechseln, indem Sie die QuickTake-Funktion sehr einfach verwenden, so wie es bei früheren iPhones üblich war. Das bedeutet, dass der Burst-Modus anders erreicht wird als früher.

Die iPhone 11 Pro Kamera wurde als eine der besten Kameras beschrieben, die jemals von Apple veröffentlicht wurde, und das zu Recht, und es ist nicht schwer zu verstehen, warum. Apple hat viele Funktionen hinzugefügt, die die Kamera zu einer wesentlichen Verbesserung gegenüber früheren Versionen machen. Zum einen verfügt das iPhone 11 Pro jetzt über drei Rückfahrkameras, eine Standard-Weitwinkelkamera, eine Weitwinkelkamera und ein Teleobjektiv auf der physikalischen Ebene und einen Nachtmodus auf der Softwareebene.

Dieses Buch wurde geschrieben, um Ihnen einige dieser Funktionen vorzustellen, die dieses erstaunliche Telefon bietet und sicherzustellen, dass Sie eine gute Benutzererfahrung haben, wenn Sie die Kamerafunktion des iPhone 11 Pro verwenden. Mit diesem Buch können Sie sofort loslegen, indem Sie die erstaunliche

Fotofunktion dieses iPhone erforschen und die Vorteile von q1qazzuthem nutzen.